아현동 순댓국집 부부

시베리아 강제노동수용소

콜리마 하이웨이를 가다

러시아 극동 지방과 콜리마 하이웨이, 러시아-그루지야 밀리터리 하이웨이와
파미르 하이웨이를 여행하면서 만난 자연과 친구들의 추억을 돌아보면서…

이 책의 수익금 중 일부는 고려인돕기운동으로 러시아와 중앙아시아 그리고
옛 소련 지역에서 세계적 문화유산인 우리 한글을 공부하는 학생들에게 지원됩니다.

시베리아 강제노동수용소
콜리마 하이웨이를 가다

펴낸날   초판 1쇄 2022년 7월 20일

지은이   이한신 · 심재숙
펴낸이   서용순
펴낸곳   이지출판

출판등록   1997년 9월 10일
등록번호   제300-2005-156호
주소   03131 서울시 종로구 율곡로6길 36 월드오피스텔 903호
대표전화   02-743-7661 팩스 02-743-7621
이메일   easy7661@naver.com
디자인   박성현
인쇄   ICAN

값 17,000원

ISBN 979-11-5555-185-1   03910

아현동 순댓국집 부부 **이한신 · 심재숙**

Russia Far East And Kolyma Highway

시베리아 강제노동수용소
콜리마 하이웨이를 가다

이지출판

서울 아현동에서 25년째 순댓국 장사를 하고 있는 우리 부부는 2011년부터 매년 한 달여 동안 세계 곳곳을 배낭여행했다.

2011년에는 동서 문화가 만나는 실크로드를
2012년에는 세계 배낭여행자들의 로망인 시베리아 횡단열차 여행을
2013년에는 아내는 일본, 나는 파미르고원을 각자 여행하고
2014년에는 캅카스 3국 아제르바이잔, 그루지야, 아르메니아를
2015년에는 러시아 동시베리아의 콜리마 하이웨이를
2016년에는 와인이 국보 1호인 몰도바를
2017년에는 카리브해의 쿠바를
2018년에는 아프리카 인도양의 도서 국가 마다가스카르를
2019년에는 옛 유고슬라비아 연방 7개국과 알바니아를 다녀왔다.
그리고 2019년 12월 중국 우한에서 처음 발생하여 팬데믹이 된 코로나바이러스로 2020년 5주간과 2021년 6주간의 여름휴가는 국내 여행을 했다. 2022년에는 배낭을 메고 자유롭게 떠날 수 있기를 희망한다.

일반적으로 소비에트사회주의공화국연방(CCCP), 즉 소비에트 연방을 소련이라 부른다. 지구 육지 면적의 1/6을 차지하는 어마어마한 옛 소련 땅에는 특별한 목적을 가지고 만든 세 곳의 하이웨이가 있다.

첫 번째 길은 북극권에 가까운 지구상에서 가장 추운 도로인 약 2,200km의 콜리마 하이웨이다. 해골길이라고도 불리는 이 길은 가도 가도 끝이 보이지 않는다.

두 번째 길은 러시아의 그루지야 지배와 터키의 군사용 목적으로 건설된 약 220km의 러시아-그루지야 밀리터리 하이웨이다. 이 길은 파블로 피카소의 〈아비뇽의 처녀들〉처럼 환상적으로 펼쳐져 있다.

세 번째 길은 아프가니스탄과 약 1,300km의 국경선을 접하고 있는 타지키스탄에 세계에서 가장 거친 도로 중 하나인 약 1,300km의 파미르 하이웨이다.

이 세 하이웨이는 고려인들을 러시아 극동 지방 연해주에서 중앙아시아로 강제 이주시킨 그루지야 출신이자 제2대 옛 소련 공산당 서기장인 스탈린 시절에 절정을 이룬 곳으로, 이 길들을 여행하면서 알게된 뜻밖의 사실들에 마음이 무겁고 씁쓸하였다.

제1장 콜리마 하이웨이는 우리 부부의 네 번째 배낭여행으로 2015년 7월 12일부터 8월 6일까지, 그리고 2019년 2월 3일에서 6일까지 극동지방을 다녀온 기록이다. 이 여행의 목적지는 러시아 극동 지방과 지구상에서 가장 추운 도로로 한번 들어가면 해골로 돌아올 수밖에 없는 콜리마 하이웨이다.

콜리마 하이웨이는 스탈린 때인 1932년부터 1954년 사이에 오호츠크해에서 동쪽으로 약 430km 떨어진 항구 도시 마가단과 북극권에서 남쪽으로 약 450km 떨어진 사하공화국의 수도이자 전 세계에서 겨울 날씨가 가장 추운 곳으로 유명한 야쿠츠크를 연결하는 약 2,200km의 현기증이 날 만큼 지루한 길이다.

이 길을 건설할 때 수백만 명의 죄수들이 목숨을 잃었다고 하는데,

학자들에 따라 콜리마 강제노동수용소 굴라크에서만 약 30만 명에서 300만 명으로 추산하고 있다.

금광과 벌목장 강제노동수용소에서 거의 죽어가는 죄수들을 콜리마 하이웨이 건설 현장에 투입해 작업 중에 죽으면 바로 도로 밑에 묻어 버려 콜리마 하이웨이를 '해골길' 또는 '뼈 위의 길' 그리고 '죽음의 길'이라고 부른다.

그들은 죄수들을 한 번 쓰고 버리는 쓸모없는 물건으로 취급했다. 죄수들이 죽으면 1개 소모, 2개 소모라는 용어를 쓰며 죽는 순간까지 사용하다 없어지는 소모품으로, 콜리마 강제노동수용소 굴라크는 죽음으로 향하는 서글프고 거대한 공동 무덤이었다.

1918년 최초의 굴라크부터 1953년 스탈린 사망 후 굴라크가 해체될 때까지 약 2천만 명이 끌려가 450여만 명이 사망했으며, 1921년부터 1953년까지 2천만 명 가까운 죄수들이 강제로 이주되어 매년 10%씩 죽었다고 한다.

  1937년 스탈린의 대숙청 절정기에는 전체 소비에트 인구 중 15% 이상이 죄수 신분이었다. 옛 소련 역사학자 드미트리 볼코고노프는 1990년 미 국방부 청사 펜타곤 강연에서 죽은 죄수가 2,300만 명 이상이라고 했다. 진실을 폭로하기 위해 반역과 배신을 자주 저지른 볼코고노프의 강연도 미국의 사주를 받았는지 모른다.

  우리에게 잘 알려진 러시아의 양심 알렉산드르 솔제니친도 11년간 시베리아 강제노동수용소 경험을 바탕으로 1973년에 펴낸 《수용소 군도》에서 콜리마 강제노동수용소 굴라크의 숫자가 약 450개에서 많게는 수천 개가 된다고 하였다. 구체적인 자료가 거의 없는 상황이라 희생된 죄수들의 숫자를 정확히 파악하는 것은 불가능하다.

  건설 과정에 죄수들이 죽으면 바로 그 자리에 매장해 버려 해골길이라고 불리는 것만 봐도 소름이 돋을 정도로 살벌하다. 해골이 묻힌 '뼈 위의 길'은 지구상에서 가장 춥고 고립된 지역을 관통하는 도로로 모험심 강한 여행자들도 대부분 포기하고, 그중에서도 극소수의 대담한 여행자들만, 그것도 최근에 들어 도전하는 정도다. 이 길 위에서는 정상적인 사람도 비정상적으로 보인다.

콜리마 하이웨이는 해골길이자 뼈 위의 길이다.
말 그대로 죽음의 길이자 생존의 길이다.
아내는 콜리마 하이웨이를 다녀와서 영양실조 진단을 받았다.
미치도록 여행을 좋아해 미친 길을 다녀와 미쳤다고 한마디씩 했다.
그리고 보니 우리 부부는 여행이 아닌 무모한 탐험을 다녀왔다.
우리는 해골길, 뼈 위의 길, 죽음의 길, 지구상에서 가장 추운 도로 콜리마 하이웨이의 시베리아 강제노동수용소 굴라크를 따라가며 그들의 영혼을 만났다.

제2장 러시아-그루지야 밀리터리 하이웨이는 우리 부부의 세 번째 배낭여행으로 2014년 7월 13일부터 8월 9일까지 다녀온 캅카스에서 얻은 잊을 수 없는 추억의 길이다.

인천공항을 떠나 타슈켄트를 거쳐 아제르바이잔 바쿠에 도착해 그루지야(조지아)와 아르메니아로 향했다. 그리고 아제르바이잔 영내에 있는 아르차흐 공화국까지 캅카스 여행을 마쳤다.

이곳은 우리가 여행할 당시에는 나고르노카라바흐 공화국이었고 2017년 아르차흐 공화국으로 나라 이름을 바꿨으나 아직 유엔 미승인 국가다. 돌아올 땐 트빌리시를 떠나 알마티와 타슈켄트에 있는 친구들과 즐거운 시간을 보냈다.

제2차 세계대전 당시 독일군 포로들에 의해 건설된 러시아–그루지야 밀리터리 하이웨이에서도 콜리마 하이웨이처럼 포로들이 죽으면 바로 그 자리에 묻어 버렸다고 한다.

지금은 세계에서 가장 아름다운 산악 도로 중 하나인 러시아–그루지야 밀리터리 하이웨이에도 군번 잃은 포로들의 한 맺힌 해골과 뼈가 흙먼지가 되어 흩날린다.

키르기스스탄을 '중앙아시아의 스위스'라고 하듯 그루지야를 '캅카스

의 스위스'라 할 만큼 아름다운 이 산악 도로 아래에는 포로로 죽어
간 넋들이 영원히 고향으로 돌아가지 못하고 있다.

 제3장 파미르 하이웨이는 1991년 옛 소련이 해체되고 1997년 타지키
스탄의 내전이 끝난 후 1990년대 말부터 2000년대와 2010년대까지 여러
번 다녀왔다.
 너무도 낯선 콜리마 하이웨이와 세상에 조금씩 알려지기 시작한 러
시아-그루지야 밀리터리 하이웨이와는 달리 파미르 하이웨이는 우리
에게 익숙한 편이다.

 파미르고원을 넘어 서역 72개 나라의 항복을 받아내고 탈라스 전투
에서 패해 중앙아시아가 이슬람 세력이 되면서 아라비아 상인들의 무
대를 만든 고구려 유민 출신의 고선지 장군.
 천축(天竺)이라 불린 인도를 여행하고 《왕오천축국전》를 쓴 혜초 스님.
 인도와 중앙아시아를 순례한 대표적인 고승 법현.

순례를 떠난 지 17년 만에 고향으로 돌아와 인도 여행기 《대당서역기》 12권을 쓴 승려 현장.

파미르고원은 동서 문화가 만나는 실크로드의 중심지로 티베트고원, 카라코람산맥. 히말라야산맥, 힌두쿠시산맥 같은 세계에서 가장 높은 산들로 이루어진 세계의 지붕이다.

그동안 결코 짧지 않은 시간 동안 옛 소련 지역을 다녀와서 7권의 책을 출간했다.

《중앙아시아 마지막 남은 옴파로스》을 시작으로 《숨겨진 보물 카프카스를 찾아서》. 《발트 3국 그리고 벨라루스에 물들다》. 《시베리아 횡단열차 그리고 바이칼 아무르 철도》, 《파미르 하이웨이 : 지옥의 길 천국의 길》. 《우크라이나 크림반도 벨라루스 몰도바 키시네프》. 그리고 중앙아시아와 인연을 맺은 25년의 시간을 정리한 《CENTRAL ASIA》를 펴냈고, 여덟 번째 책인 《아현동 순댓국집 부부 시베리아 강제노동수용소 콜리마 하이웨이를 가다》를 또다시 세상에 내놓는다.

책을 출간할 때마다 흥분되기도 하고 설레기도 하지만 여전히 부족하다는 생각이 든다. 하지만 코로나 바이러스 팬데믹으로 어려운 상황인데도 알토란같은 멋진 작품이 나올 수 있도록 언제나 애써 주시는 이지출판사 서용순 대표님 덕분에 이 책도 출간할 수 있었다. 진심으로 감사하다.

2022년 여름
아현동 순댓국집에서
이한신 · 심재숙

제2장 러시아-그루지야 밀리터리 하이웨이
2014 Russia-Georgian Military Highway

제3장 파미르 하이웨이
2013-2012 Pamir Highway

제1장

콜리마 하이웨이

2015 Russia Far East And Kolyma Highway

아현동
순댓국집에서
동해항으로

■ ■ ■

우리 부부는 일 년 중 10개월에서 11개월은 순댓국 장사를 하고 한두 달은 식당 문을 닫고 세상 여행을 떠난다. 여행사를 통하거나 단체 관광을 가는 것이 아니라 누구의 도움 없이 단둘이 준비한다.

식당을 하면서 특별한 상황이 발생하지 않는 한 며칠도 아니고 한 달 이상 문을 닫는 건 결코 쉬운 일이 아니다. 그래서 그 소중한 시간을 더욱 알차게 보내려고 한다.

우리 부부가 여행을 떠날 때마다 긍정적인 소문보다는 부정적인 말들이 더 무성했다. 돈을 많이 벌었다거나, 혹시 쥐도 새도 모르게 식당 문을 닫고 어디론가 떠나 버렸는지도 모른다는 말이 돌곤 했다. 다녀오면 그 소문은 더욱 부풀어 있었다.

2011년부터 시작해 현재까지 우리 부부의 여행은 계속 이어졌다. 9년 동안 배낭여행을 다녀오고 2022년까지 12년 차에 접어드니, 이제는 아현시장에서 뿐만 아니라 손님들도 여름만 되면 당연히 문을 닫고 떠나는 줄 알고 미리 물어본다. 이번에는 아프리카로? 남미로? 아니면 또 옛 소련으로 가는지 선수를 친다. 이렇게 손님들에게 인정을 받게 된 것은 순전히 고생한 아내 덕분이다.

안타깝게도 2019년 12월 중국 우한에서 처음 발생한 코로나 바이러스로 인해 2020년과 2021년 여름휴가는 우리나라 곳곳을 돌아보았다. 한국 사람이 한국 땅을 긴 시간 여행할 수 있는 기회가 많지 않은데 뜻밖에 주어진 또 다른 소중한 시간이었다.

떠나는 전날까지 순댓국 장사를 하고 허겁지겁 배낭을 정리하고 나니 새벽 2시다. 가져갈 물건들도 많지 않은데 미리미리 준비해 두면 좋으련만 매번 이렇다.

청량리에서 기차를 타고 동해로 향하는 동안 여름비가 주룩주룩 내린다. 우리를 기다리고 있던 이민용 아우가 블라디보스토크항 출국장으로 안내해 준다.

아내는 배에 오르자마자 잠이 부족한 탓인지 바로 드러누웠다.

태평양을 바라보며 차를 한잔하자고 하니, 그것보다는 태평양을 베개로 하늘을 이불 삼아 잠을 자는 것이 최고란다.

순댓국 장사를 하면서 늘 잠이 부족한 탓에 태평양을 가로질러 가는 이 낭만적인 여행을 무덤덤하게 시작한다.

2015년 7월 12일 동해항에서 블라디보스토크항으로 오후 2시에 출항하고, 블라디보스토크항에서 동해항으로 돌아오는 배편도 마찬가지로 8월 5일 오후 2시에 출항한다.

코로나 바이러스 팬데믹으로 잠시 멈춰 버린 상황이지만, 추억으로 남지 않고 새로운 추억으로 기억되길 바란다.

시베리아 횡단열차
9,288km의 종착역이자 출발역으로

동해항–블라디보스토크 Vladivostok

■ ■ ■ ■

　동해항에서 블라디보스토크항을 향해 배를 타고 가면서 작은 창문을 통해 태평양을 바라보며 사우나를 하는 기분은 최고다. 몇 평 안 되는 아담한 사우나지만 으리으리한 호화 유람선이 부럽지 않다.

　하얀 물살을 가르며 나아가는 배 위의 간이 테이블에 앉아 시원한 바닷바람과 함께 차나 맥주를 한잔할 수 있는 낭만도 즐길 수 있다.

　비행기나 기차 안에서는 경험할 수 없는 또 다른 여유로움과 아주 느린 아름다움을 만끽한다.

　눈에 익은 블라디보스토크 항구가 점점 가까워진다.
　반갑다.
　봄에는 얼어붙었던 땅이 녹아내리고
　여름에는 함박웃음 짓는 여행자들로 북적거리고

가을에는 하늘도 단풍도 알록달록 물들고

겨울에는 매섭게 불어오는 바닷바람에 얼굴이 얼얼한 곳.

나는 사계절 중 칼바람이 불고 하얀 눈이 허벅지까지 쌓이는 블라디

보스토크 항구가 더 좋은데, 아내는 추운 겨울을 반기지 않는다.

2019년 2월 블라디보스토크항을 배경으로 남긴 추억 한 컷이다. 이런

사진들은 쌓이면 쌓일수록 포근함을 느끼게 한다.

동해에서도 내리던 비가 블라디보스토크에서도 멈추지 않는다.

시베리아 횡단열차의 출발역이자 종착역인 블라디보스토크역을 3년 만에 다시 찾았다.

2012년 블라디보스토크에서 시베리아 횡단열차를 타고 모스크바까지, 이어서 상트페테르부르크까지 여행을 했었다. 그리고 2019년 한겨울에 차디찬 칼바람을 맞으며 블라디보스토크를 찾았었다.

한국과 러시아는 2014년 1월 1일 무비자 협정을 맺어, 러시아 극동 지방인 블라디보스토크와 우수리스크를 거쳐 하바롭스크까지 배를 타고 단기간 여행하는 관광객들이 부쩍 늘었다.

항구에 도착해서 보니 게스트하우스 광고판이 전에 비해 눈에 띄게 많아졌다.

Antipopa 게스트하우스에 배낭을 풀자마자 상점에서 사 온 컵라면과 보드카 한잔으로 저녁을 때우고 일찍 잠자리에 들었다.

러시아에서는 전혀 어울리지 않을 것 같은데, 컵라면과 보드카가 정말 잘 어울린다.

내일부턴 부지런히 움직여야 한다.

2015년 7월 13일 오후 3시 20분, 1달러에 54.1400루블로 2,400달러를 환전하니 129,936루블이다.

1달러에 1,132.04원, 우리 돈으로는 대략 2,716,596원으로 든든하게 준비하니 마음도 넉넉해진다.

비자나 마스터 카드도 가져왔지만, 그래도 주머니에 종이돈이 있으면 여유가 생기는 듯하다.

그런데 이제는 현금도 카드도 아닌 전자화폐가 탄생했다.

전 세계 어느 나라에서든 단일 화폐로 쓰일 비트코인이나 알트코인으

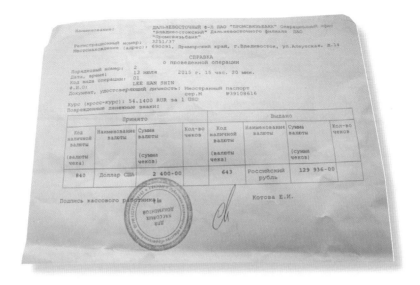

로 여행을 다니는 세상이 되었다. 이제 암호화폐는 자그마치 1,300개가 넘는다고 한다.

　하루가 다르게 변하는 세상에 전자화폐, 가상화폐, 암호화폐… 듣기만 해도 어지럽다. 상상이 현실이 되는 세상, 달러도 유로화도 아니니 순댓국집 부부는 뭐가 뭔지 헷갈리기만 한다.

　그냥 땀 냄새 나는 종이돈이 최고다.

　여러 번 여행한 러시아에서 쓰던 환전표도 사라지면 추억이 될 것 같아 사진으로 남겨 둔다.

고려인들의 슬픔과 아픔이 묻힌
사할린으로
블라디보스토크-유즈노사할린스크 Yuzhno-Sakhalinsk

유즈노사할린스크로 향하는 비행기가 구름 위를 산책하듯 날고 있다.

문득 손오공이 떠올랐다. 중국 명나라의 소설《서유기》의 주인공인 원숭이 모습을 한 손오공은 구름을 타고 단숨에 10만 8천 리를 날아갈 수 있었다고 하는데, 1리면 0.393km, 10리면 3.93km다. 10만 리는 39,300km, 8천 리는 3,144km로 10만 8천 리는 42,444km다. 지구 한 바퀴 거리인 약 42,000km를 바람같이 날았다.

블라디보스토크에서 유즈노사할린스크까지 거리는 약 1,184km로 손오공에 비하면 새 발의 피지만, 구름을 둥둥 밟고 가는 기분은 같다.

러시아에서 제일 큰 섬이자 세계에서 23번째 큰 사할린의 주도 유즈 노사할린스크 공항은 1945년 군사용으로 건설되었지만 사람 냄새가 물씬 풍기는 소박한 모습이다.
블라디보스토크에서 내리던 비는 유즈노사할린스크에 도착해서도 계속해서 이어졌다.

애달픈 동포들의 마음처럼 하늘에서 눈물을 하염없이 쏟아낸다.

아직 비구름이 걷히지 않은 하늘을 배경으로 레닌 동상이 비둘기들을 내려다보고 있다. 옛 소련 열다섯 공화국 연방 어디를 가나 레닌은 웅장한 모습을 하고 있다.

레닌의 본명은 블라디미르 일리치 울리야노프. 그는 볼세비키의 지도자이자 옛 소련 인민위원회 초대 위원장 겸 공산당의 창립자다.

옛 소련이 해체된 지 30년의 세월이 흘렀다.

러시아와 친형제나 다름없는 벨라루스나 몰도바에서 독립을 선포한 미승인 국가 트란스니스트리아 그리고 몇몇 지역을 제외하면 중앙아시아에서, 캅카스 3국에서, 발트 3국에서 이제는 동슬라브에서도 레닌의 그림자를 지우는 작업이 한창 진행 중이다.

옛날 그 시절의 것들이 박물관에 있듯이 좀 더 세월이 흐르면 지금의 것들도 박물관에서 보게 될 것이다.

사할린 철도의 첫 노선은 1905년 러일전쟁 이후 북위 50도 이남의 사할린을 일본이 약 40년 동안 점령할 당시 처음 짓기 시작했다.

협궤나 궤간을 뜯어고치는 개궤(改軌)로 일본인들이 만들어 놓은 철도의 길이는 700km 정도였다.

남북 길이 약 950km, 동서 길이 약 160km인 사할린 전체가 옛 소련 땅이 되면서 북쪽으로 연장된 철도 길이는 약 1,072km로 늘어났다.

지금은 사할린 철도를 러시아 본토와 연결하는 작업을 진행 중이다.

러시아 본토의 광궤 열차가 사할린에서도 달릴 수 있도록 사할린 철도를 개궤하는 공사가 마무리되면, 사할린과 러시아 본토의 콤소몰스크나아무레까지 다리를 건설할 계획이다.

스탈린 시대부터 현재의 푸틴 대통령까지 타타르 해협이나 다리를

건설하려는 계획은 아주 오래전부터 있었다.

그러면 1897년 바이칼 아무르 철도와 시베리아 횡단열차의 교차점으로 설립된 타이셰트에서 모스크바로 이어진다.

모스크바와 이르쿠츠크까지 연결된 M53 고속도로를 통해서도 타이셰트를 지날 수 있다.

바이칼 아무르 철도와 연결해 모스크바와 상트페테르부르크까지 이어지면 전 유럽으로 연결될 날도 얼마 남지 않았다.

이번에는 타이셰트를 방문하지 못하지만 2012년 시베리아 횡단열차 여행 때 지나온 타이셰트는 이르쿠츠크에서 북서쪽으로 약 670km 떨어진 콜리마 강제노동수용소 굴라크 중심지의 한 곳이었다.

사할린에서 전 유럽으로 기차를 타고 여행을 할 수 있을 때 지금처럼 여행할 수 있기를 기대해 본다.

서울에서 평양을 지나 블라디보스토크로, 하바롭스크로, 사할린으로 기차 여행을 할 날을 그려본다.

사할린 남쪽 원주민 아이누족과 북쪽 원주민 니부히족, 윌타족 같은 토착민의 삶을 볼 수 있는 향토박물관은 옛 일본 영사관 총독부 건물이다.

사할린 전체 인구의 6%가 한민족인 만큼 이곳은 우리 민족에게 슬프고도 아픈 역사의 흔적이 곳곳에 남아 있다.

사할린은 1855년 러일 화친조약(일본 혼슈 중부 지방 시즈오카현 이즈 반도에 위치한 시모다의 조라쿠지에서 체결한 조약)으로 남부는 일본이, 북부는 러시아가 통치하기로 합의했다.

하지만 1875년 상트페테르부르크조약(러시아와 일본이 국경을 변경한 것을 확정하기 위해서 체결된 조약으로 일본에서는 가라후토−지시마 또는 사할린−쿠릴열도 교환조약이라 부른다)인 사할린−지시마 교환조약으로 쿠릴열도 북부의 18개 섬을 일본에 넘겨주는 조건으로 러시아령이 되었다.

그리고 1905년 러일전쟁 이후 포츠머스조약(미국 동부의 항구 도시 뉴햄프셔 주 포츠머스에서 맺은 러일 강화조약으로 포츠머스 강화회의 또는 러일 강화회의라고도 부른다)에 의해 북위 50도인 남부 사할린 일부가 다시 일본 땅으로 변경되었고, 러시아 혁명기인 1918년에서 1924년까지는 사할린 북부 지역까지 점령하였다.

하지만 제2차 세계대전 승전국인 옛 소련은 1945년 얄타회담(옛 소련

　　시베리아 강제노동수용소 콜리마 하이웨이를 가다

의 크림반도 얄타에서 소련, 미국, 영국 지도자들의 회담) 이후 1951년 샌프란시스코 강화조약(51개국 가운데 48개국이 서명한 연합국과 일본 사이의 평화조약으로 샌프란시스코 체제라고도 부른다)에 의해 패전국인 일본은 사할린의 모든 권리와 청구권을 포기해 지금까지 러시아 땅으로 남아 있다.

다시 한 번 강한 자만이 살아남는 세상임을 실감한다.

의사이자 작가인 안톤 체호프는 서른 살이던 1890년 4월, 모스크바에서 자그마치 9,200km나 떨어진 머나먼 유형지로 악명 높은 러시아 동쪽 끝 사할린으로 훌쩍 떠났다. 그때는 시베리아 횡단열차가 운행되지 않아 비포장도로를 마차와 배를 타고 3개월이 걸렸으니 고행의

길이었을 것이다.

그가 사할린에서 3개월간 여행을 하고 쓴 책이 《사할린섬》이다.

그는 사할린에서의 생활을 마치고 배편으로 홍콩을 거쳐 실론, 지금의 스리랑카와 흑해의 오데사를 지나 모스크바로 다시 돌아갔다.

사할린 시내 곳곳에는 체호프 공원부터 동상, 박물관, 극장 등 체호프의 흔적들이 남아 있다.

사할린은 우리 동포들의 슬픔과 마흔넷의 짧은 인생을 살다간 체호프가 만나는 섬이다.

일제 강점기 때 이곳으로 강제 징용을 당해 온 한국인은 15만여 명에 가깝다.

조선조 말기를 전후해 관리들의 부정부패와 먹고 살기 힘든 농민들이 연해주 지역으로 이주하여 블라디보스토크에서 '신한촌(新韓村)'이라는 공동체를 만들었는데, 훗날 이곳은 그들의 삶의 터전이자 독립운동의 중추기지가 되었다.

1930년대 말에서 1940년 초까지 사할린으로 강제 징용된 우리 동포들은 탄광과 군수공장 등에서 극심한 혹사를 당했다.

중앙아시아를 여행할 때마다 그들의 후손을 곳곳에서 만났다. 1세대는 대부분 세상을 떠나고, 이제는 그 후손들도 백발의 노인으로 세월의 무상함을 한탄하곤 했다.

강제 징용으로 끌려온 동포들은 전쟁에 패한 일본이 돌아가자, 고국에서 자신들을 데리러 올 것이라고 굳게 믿고 날이면 날마다 기다렸다는 코르사코프의 위령탑과 기념비를 만났다.

오호츠크해를 바라보며 망향의 언덕에서 우리의 동포 고려인들과 마주했다.

함박웃음을 짓고 있지만 거칠고 투박한 손으로 얼굴을 어루만지는 한 맺힌 눈망울에는 말로 표현할 수 없는 세월이 묻어 있다.

시베리아 강제노동수용소 콜리마 하이웨이를 가다

　코르사코프에서는 쿠릴과 캄차카로, 홀름스크에서는 러시아 본토의
바니노와 철도 연락선이 운항하고 있고, 삿포로로 가는 배도 덩그러니
누군가를 기다렸다. 그 누군가를 기다렸던 배는 동포들이 손꼽아 기
다리던 배다.

　지금 그곳 망향의 언덕에 한인희생자위령탑이 서 있다.

배를 세우는 뜻은

1945년 8월 애타게 그리던 광복을 맞아

동토 사할린에서 강제 노역하던 4만여 동포들은

고국으로 돌아가기 위해

이 코르사코프 항구로 몰려들었습니다.

그러나 일본은 이제는 일본 국적이 아니라는 이유로

이분들을 내버린 채 떠나가 버렸습니다.

소련 당국도

혼란 상태에 있던 조국도

이들을 돌보지 못했습니다.

짧은 여름이 지나 몰아치는 추위 속에서

이분들은 굶주림을 견디며

고국으로 갈 배를

기다리고 또 기다렸습니다.

이윽고

혹은 굶어 죽고

혹은 얼어 죽고

혹은 미쳐 죽는 이들이 언덕을 메우건만

배는 오지 않아

하릴없이 빈손 들고
민들레 꽃씨마냥 흩날려
그 후손들은 오늘까지 이 땅에서
삶을 가꾸고 있습니다.

조국이 해방되었어도
돌아갈 길이 없어
아직도 서성이는 희생 동포들의 넋을
조국으로 세계로 자유롭게
모시려는 뜻을 모아
이 〈망향의 언덕〉에
단절을 끝낼 파이프 배를
하늘 높이 세웁니다.

― 글 김문환

옛 소련 시절 우즈베키스탄에서 스무 살에 결혼하여 사할린에서 살아온 86세 된 상인을 만났다.

이제는 사할린이 그의 고향이다.

멀고 먼 이 사할린에서 과일과 채소를 파는 상인들은 대부분 우즈베키스탄 사람들이다.

옛 소련을 여행하면서 중앙아시아뿐만 아니라 러시아의 영외 지역 칼리닌그라드에서도 우즈베키스탄 사람들을 많이 만났다.

그들은 우즈베키스탄을 아느냐고 묻곤 했다.

우즈베키스탄을 포함해 중앙아시아가 제2의 고향이라고 말하고 싶었지만, 언젠가 시간이 나면 꼭 여행하고 싶다고 하니, 그들은 활짝 웃으며 드냐 두 조각을 건넸다.

상술이 뛰어난 대표적인 민족으로 화교나 유대인들 그리고 아랍 상인들이 떠오르는데, 옛 소련에서 상인 하면 빠질 수 없는 나라가 아르메니아다.

페르시아 제국의 지배를 받았음에도 상술로는 오히려 페르시아 제국을 역지배했고, 몇 세기 전에는 터키 제국에서 유대인 상인들과 힘을 겨루었던 그들이다. 시리아와 이란, 심지어는 이탈리아 베네치아에도 아르메니아 공동체가 있다.

이스라엘 예루살렘의 구시가지에는 아르메니아 지역이 있다. 아르메니아 본토에는 인구 몇백만에 불과하지만, 러시아나 미국을 비롯한 전 세계에 흩어져 살고 있는 아르메니아 사람들은 천만 명에 가깝다.

예나 지금이나 인적 자원이 대단하다.

닷새째 비가 내린다.

아내는 청량리에서 동해로 갈 때 기차 안에서 급하게 먹은 도시락이 소화가 안 된다며 불편한 기색이 역력하다.

한겨울에 스타킹도 없이 미니스커트를 입고 다니는 아가씨도 아니고 중년 여성이니 어쩔 수 없다.

여행을 떠나기 전날까지 순댓국 장사를 하느라 쉬지도 못하고 새벽에 배낭을 짊어졌으니 피곤이 누적된 것 같다.

혈기 왕성한 나이도 아닌데 배려하지 못한 내 생각이 짧았다.

　이번 여행의 목적지인 죽음의 도로 콜리마 하이웨이로 떠나려면 컨디션 조절이 필요한데, 은근히 미안하고 걱정된다.

　내일 페트로파블롭스크 캄차카로 출발하는데 제대로 식사도 못했다.

　소화불량에 몸도 무겁고 한겨울 같은 으스스한 여름 날씨다.

　거리에는 가로수에서 꽃가루가 눈꽃 날리듯 한다.

　알레르기에 눈물까지 고생고생하는 아내를 바라보니 안쓰럽다.

러시아의 모든 도시와 육로가 단절된 태초의 땅으로

유즈노사할린스크-하바롭스크-페트로파블롭스크 캄차카
Petropavlovsk Kamchatka

■ ■ ■ ■

오늘은 유즈노사할린스크를 떠나 하바롭스크를 거쳐 페트로파블롭스크 캄차카로 이동한다.

아담한 사할린 공항을 떠나 하바롭스크 공항에 도착하자 북한에서 파견된 노동자들이 많이 눈에 띈다.

뉴스에서만 보고 듣던 북한 노동자들과 페트로파블롭스크 캄차카로 떠날 때까지 함께했다. 그들이 공항을 꽉 메우고 있어 발 디딜 틈이 없었다.

책임자로 보이는 몇몇은 깨끗한 점퍼 차림이어서 노동자들과는 확연히 달랐다.

해외에 파견된 북한 노동자들은 농장이나 건설, 벌목 현장에서 무척 고된 일을 하고 있다.

약 80년 전 콜리마의 강제노동수용소 굴라크에서 일하던 죄수들과 차이가 없다.

러시아 정부가 매년 북한 노동자 1만 5천여 명에게 비자를 발급한다고 하는데, 많을 때는 3만 7천 명이 강제노동에 동원되기도 했다는 설도 있으나 확실하지 않다.

일제에 의해 사할린으로 강제 징용된 우리 동포나 북한 당국에 의해 시베리아로 파견된 노동자나 자유가 없는 것은 마찬가지다.

이리 보고 저리 봐도 아름다운 스튜어디스를 넋 놓고 바라보다 어느덧 세계에서 가장 청정한 페트로파블롭스크 캄차카에 도착했다. 호스텔 24시에 들어서니 한글을 공부하고 있던 나타샤라는 종업원이 반갑게 맞아 주었다.

1850년 캄차카 최초의 군사 총독인 바실리 스테파노비치 자보이코

배낭을 풀어놓고 무척 피곤해하는 아내를 위해 눈여겨봐 둔 카페에
서 캄차카 샤슬릭을 주문했는데, 먹어 보고 깜짝 놀랐다. 옛 소련을
여행하면서 수없이 먹어 봤지만 캄차카 샤슬릭은 입에 살살 녹았다.

닭고기, 양고기, 돼지고기 샤슬릭뿐만 아니라 생선 샤슬릭도 한우
1등급 플러스 등심을 먹는 착각이 들 정도다. 집을 떠나 며칠간 고생

했는데, 캄차카 샤슬릭을 먹으면서 훌훌 날려 버렸다.

　여행을 마치고 돌아와 캄차카 하면 샤슬릭이 제일 먼저 떠오르고, 샤슬릭을 먹으러 캄차카에 다시 가야 할 것 같다고 농담 반 진담 반으로 얘기하곤 했다.

　　　시베리아 강제노동수용소 콜리마 하이웨이를 가다

피터 폴

벨라루스 민스크에서 온 중년 부부는 캄차카 여행을 마치고 일본 삿포로로 입국해 신칸센 열차를 타고 남쪽 지방을 돌아본 후 우리나라 부산으로 입항할 계획이라고 한다. 그들은 낯선 지역으로의 여행이 설레기도 하고 궁금하기도 한지 이것저것 물어보았다.

아르메니아 예레반에서 온 청년은 옛 소련 서남쪽 최남단에서 최북단으로 여행 중이다.

멀고 먼 나라에서 또다시 먼 지역인 북쪽 도시 에소로 일하러 왔다

는 그는, 이런 시간을 갖기가 흔치 않으니 오늘 멋지게 한잔하자면서 구하기 힘든 아라라트 코냑 두 병을 꺼냈다.

페트로파블롭스크 캄차카에서 아르메니아 아라라트 코냑을 마시다니, 생각지도 않던 즐거움에 시간 가는 줄 몰랐다.

젊고 예쁜 아기 엄마 류다는 남편이 서울 한국 대사관에서 근무한 적이 있다면서 김치 깍두기는 물론 제주도, 울릉도, 거제도, 진도, 안동 소주 등 한국말이 술술 나왔다.

온종일 노트북과 씨름하던 모스크바에서 온 젊은 부부는 상트페테르부르크가 고향이고, 지금은 스위스에 산다는 아주머니까지 옛 소련 시절에는 한 나라 국민이었던 그들이 한자리에서 이렇게 만났다.

류다가 캄차카 어부가 잡은 꽤 큰 훈제 연어를 가져와 코냑과 함께 맛있게 먹었다.
회를 좋아하지 않는 아내도 훈제 연어가 입에 맞는지 남들이 보든 말든 열심히 먹더니, 지금도 가끔 그때 기억을 떠올리곤 한다.

호스텔 24시에서 처음 만난 스무 살 된 뻬까를 한국 딸로 삼기로 했는데, 여행을 마치고 그해 11월 24일 뻬까가 아현동으로 우리 부부를 찾아와 깜짝 놀랐다.
여행을 다니면서 인연을 맺은 아들딸이 여럿 있지만, 대부분 이메일이나 다른 사람을 통해 안부를 듣는다. 그리고 우리 부부가 찾아가는 경우는 있어도 직접 찾아오는 일은 없었다.
인연을 실천으로 옮긴 뻬까는 우리 부부를 한국 부모로 생각할 정도다.
순댓국 장사를 할 때는 시간적·정신적 여유가 없어 함께한 시간이 너무 짧아 미안한 생각이 들 때가 한두 번이 아니다. 언제 다시 만날지 모르지만, 요즘 뻬까의 안부가 더욱 궁금하다.

태평양과 오호츠크해 사이에 있는 캄차카는 한반도의 두 배에 해당
하는 면적으로, 현재까지도 여행하기에 까다로운 곳이다.

인증된 여행사를 통하지 않으면, 왜 무엇 때문에 가려고 하는지 요
구하는 서류가 많아 꽤 부담스럽다.

옛 소련이 해체되고 꽤 시간이 흘렀는데 지금도 외국인 여행자들이 편하게 다가설 수 없는 몇몇 지역 중 한 곳이다.

세계에서 불곰과 화산이 제일 많은 이곳에는 왕성하게 활동하고 있는 크고 작은 간헐천과 멋진 야외 유황 온천도 많다.

그중에서 가장 유명하다는 안따리우스 온천을 다녀왔다.

호스텔 24시에서 40분 버스를 타고 터미널까지 간 다음 다시 40분을 더 달려 엘리조보 버스터미널에 갔다. 그리고 한 번 더 시외버스를 갈아타고 안따리우스에 도착해 10분쯤 더 걸어가면 된다.

대중교통으로 왕복 4시간이 걸리니 자가용으로 다녀오지 않으면 번거롭지만, 아내는 아현동에서도 사우나를 즐겨하듯 따끈따끈한 온천을 무척 좋아했다.

아내를 위해 세 번이나 버스를 갈아타고 도착한 야외 유황 온천에 몸을 던지자마자 복병이 나타났다. 어느 정도 있는 줄은 알았지만 이렇게까지 모기가 많을 줄은 정말 몰랐다.

현지인들은 모기약을 얼굴에서 발끝까지 선크림 바르듯 잔뜩 바르고 온천에 들어가는데, 가볍게 생각한 우리 부부는 도무지 온천욕을 할 수가 없었다.

물 위에 나와 있는 얼굴부터 어깨 위에 모기떼가 새까맣게 덤벼들었다. 공기 반 모기 반, 아니 공기보다 모기가 더 많을 정도다.

기본이 2시간이지만, 참다 참다 못해 실내 카페로 나와 시원한 맥주로 목을 축이고 다시 호스텔로 돌아가려니 좀 귀찮다.

버스를 왕복 여섯 번을 탔는데 제대로 온천도 하지 못했으니 은근히 억울한 생각이 들었다.

캄차카 야외 유황 온천에서 피부 관리 좀 하려고 했는데, 모기떼에 잔뜩 물려 피부가 벌겋게 달아오르다니….

이렇듯 세상의 모든 일이 생각한 대로 이루어진다면 흥미가 없을 것이다.

알렉산드르 2세 니콜라예비치 로마노프 황제는 3년간의 크림전쟁 중 캄차카에서 영국과 두 번의 전쟁으로 페트로파블롭스크 항구를 포기해야만 했다.

영국의 식민지인 캐나다가 가운데 자리하고 있고 캄차카반도와 시베리아 동쪽까지 빼앗길 상황이 되자 적국인 영국에 알래스카를 빼앗기는 것보다 당시에는 영국에 적대적이었던 미국에 팔아넘기는 것이 현실적이라고 판단해 매각해 버린 황제의 머리도 매우 혼란스러웠을 것이다. 옛 소련 시절 공산당 서기장에서부터 현재 러시아 푸틴 대통령

만큼 어지러웠을 것이다.

　알래스카는 러시아 제국으로부터 미국으로 공식 이전된 1867년 10월 18일을 알래스카의 날로 지정하였다.

　1867년 3월 국무부장관 윌리엄 슈워드의 명령으로 미국은 러시아 제국으로부터 720만 달러에 알래스카를 매입한 사건이 발생했는데, 현재 돈으로는 환산할 수 없는 가치다.

　남한의 17배인 알래스카는 미국의 단일 주로는 제일 크며, 미국 본토의 약 1/5을 차지할 만큼으로 자그마치 600,000평방마일, 1,600,000km²다.

　덴마크 출신 탐험가 베링이 두 번의 캄차카 탐험을 통해 해협을 발견하여 그의 이름에서 유래된 베링 해협은 러시아 북동부 최동단에 위치한 추코트카 자치구의 데지네브곶에서 알래스카 프린스오브웨일스곶까지는 85~88km, 평균 깊이가 30~50m로 그다지 깊지 않아 빙판 위를 썰매를 타고 건널 수 있을 만큼 10월부터 이듬해 6월까지는 약 1.5m의 빙판으로 꽁꽁 얼어붙는다.

　빙하기에는 현생 인류인 호모 사피엔스가 시베리아에서 베링 해협을 건너 알래스카로 건너갔다는 전설 같은 실화가 전해진다.

　1741년 베링이 알래스카를 발견한 250주년을 기념하여 미국 산림부와 알래스카 주민들의 선물로 건립된 기념탑이 있다.

 이제 추코트카와 알래스카를 연결하는 베링 육교나 터널은 더 이상 상상이 아니다.

 상상이 현실이 된다면 아르헨티나의 남극에서 가장 가까운 우수아이아에서부터 남아프리카공화국의 희망봉이 자리 잡은 케이프타운까지 육로로 이동할 수 있는 꿈 같은 현실이 이루어질 것이다.

   흥미로운 것은 베링 해협 중간 지점에 두 개의 섬이 있다.

   러시아 영토인 대 다이오메드섬과 미국 영토인 소 다이오메드섬이 수 킬로미터밖에 떨어지지 않았는데, 남극과 북극을 잇는 국제 날짜 변경선이 두 섬 사이를 지나가기 때문에 시간대가 자그마치 21시간이나 차이가 난다. 세상사 희한하고 재미있다.

숨은 매력이 더 많은
조용한 도시로

페트로파블롭스크 캄차카–하바롭스크 Khabarovsk

■ ■ ■

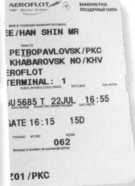

하바롭스크로 향하는 비행기 안에서 깜짝 놀랐다. 바로 옆자리에 한 무리의 특수부대 군인들이 마네킹처럼 무표정한 얼굴로 앉아 있었다.

자세히 보니 그 군인과 군인 사이에 수갑을 찬 민간인 복장의 죄수들이 한 명씩 끼어 앉았다.

여섯 명의 죄수를 호송하기 위해 장교 한 명 그리고 죄수 두 명에 한 명꼴로 열한 명의 군인이 동원되었고, 하바롭스크 공항에는 중무장한 군인들과 특수차량 3대가 미리 대기하고 있었다.

　진짜 같은 영화 속의 화면이 아니라 가짜 같은 현실을 바라보며 조용히 숨만 쉬다 하바롭스크에 도착했다.

　머리를 빡빡 밀어 버린 죄수도

　치렁치렁 긴 머리의 죄수도

　비웃는 죄수도

　잔뜩 화난 죄수도

　무언가 폭발할 것 같은 죄수도 있었다.

　일어서면 죄수들과 눈을 마주치게 되니 머리가 복잡했다.

　내일이면 죄수들이 만든 콜리마 하이웨이의 출발지 마가단에 도착하는데, 또 다른 죄수들과 함께 비행기를 타고 있으니 아이러니하다.

죽음의 특급열차를 타고
콜리마 강제노동수용소 집결지 굴라크로

하바롭스크-마가단 Magadan

비행기 시간 때문에 하바롭스크에서 1박 하고 마가단으로 향했다.

하바롭스크 공항 천장에는 집을 짓고 살림을 차린 참새들이 어찌나 많은지, 비행기를 기다리는 사람보다 더 많다. 참새들을 바라보며 지루한 줄 모르고 시간을 보냈다.

어제는 죄수들과 함께 비행기를 탔고, 오늘도 곧바로 마가단으로 오느라 마음 편히 식사를 하지 못했다.

호텔에 배낭을 풀어놓고 러시아인 남편과 한국인 아내가 운영하는 도라지식당으로 향했다.

그런데 가는 날이 장날인지 우리가 도착한 시간에는 국수만 팔았다.
그래도 비빔국수와 물국수 한 그릇에 시원한 생맥주를 한잔씩 벌컥
벌컥 마시니 배가 부르고 살 것 같다.

시내를 한 바퀴 산책하고 호텔로 돌아가는 길이었다. 해가 뉘엿뉘엿
넘어가는데 북한 식당 아리랑이 눈에 띄었다.

　2012년 시베리아 횡단열차 여행을 할 때 블라디보스토크에 있는 북한 식당에서 물냉면과 비빔냉면을 먹은 후 오랜만에 북한 식당에 가서 메뉴를 보니, 여기서도 주문은 오로지 국수 하나만 가능하다. 이것저것 선택할 여지가 없다.

　이곳에서도 물국수와 비빔국수 한 그릇씩에 보드카 한잔으로 마무리했다. 하여간 맛나게 먹었다.

시베리아와 극동 지방의 사도인 이노센트 모스코브스키이

　마가단에서 잘 먹고 지구상에서 가장 추운 도로 콜리마 하이웨이를
따라 약 2,200km 떨어진 사하공화국 수도 야쿠츠크로 떠나야 하는
데, 오늘은 국수로 만족해야 했다.

　콜리마 하이웨이는 약 2,200km 중 2,000km가 푹푹 빠지는 흙길로
비포장도로다.

마가단 설립자 기념비. 1929년 이곳 나가예브 해안가에서 마가단 시가 시작되었다.

1938년 스탈린의 칼숙청으로 피바람이 불던 시절에 태어나 1980년 옛 소련이 아프가니스탄을 침공하던 그때, 알코올로 인한 심장마비로 마흔둘에 세상을 떠난 블라디미르 비소츠키.

그는 공산당 시절에는 불가능에 가깝던 저항 가수로 활동하며 당국으로부터 죽는 날까지 감시를 받고 인정을 받지 못해 단 한 장의 음반도 내지 못했다.

"나는 살아갈 시간도, 노래 부를 시간도 없네"라고 하면서.

저항 가수를 생각하면 떠오르는 또 한 명의 인물이 있다.

1990년 스물여덟 살에 라트비아공화국 리가에서 교통사고로 사망한 록그룹 키노의 기타리스트이며 보컬리스트였던 고려인 빅토르 최.

옛 소련 시절에는 상상하기 힘들었던 대표적인 두 명의 저항 가수는 심장마비와 교통사고로 짧고도 짧은 인생을 살다가 떠났다.

옛 소련에 비소츠키와 빅토르 최가 있었다면, 미국에는 지미 헨드릭스와 제니스 린 조플린이 있다.

20세기 대중음악 역사상 최고의 흑인 기타리스트였던 지미 헨드릭스(본명 제임스 마셜 헨드릭스)는 약물과 알코올로 기도가 막혀 스물일곱 살에 사망했다.

또한 세계 대중음악 역사상 최초의 백인 여성 록 아티스트로 술과 마약과 섹스에 늘 취해 있던 제니스 린 조플린은 지미 헨드릭스가 세상을 떠난 2주 후, 1970년 10월 4일 헤로인 과다 복용으로 스물아홉 살에 사망하였다.

1964년 미국은 베트남 전쟁을 일으키기 위해 통킹만 사건을 조작하자, 60년대 후반에서 70년대 초까지 반전운동과 히피문화의 영향으로 프리섹스와 마약이 활개를 치던 시절이었다.

모스크바에서 약 10,100km 떨어진 육로로 갈 수 있는 가장 먼 슬픈 도시 마가단에 있는 블라디미르 비소츠키 동상은 콜리마 강제노동수용소 굴라크에서 목숨을 잃은 죄수들에 대한 저항이었다.

알렉산드르 솔제니친도 미국 망명 생활을 끝내고 러시아로 영구 귀국하면서 마가단에 도착해 제일 먼저 땅에 입을 맞추고, 콜리마 강제노동수용소 굴라크에서 죽어 간 죄수들을 추모했다.

1932년 마가단에 소름 끼칠 정도로 악명 높은 굴라크 본부가 세워졌다. KGB의 전신인 NKVD는 소비에트 연방의 정보기관이자 비밀경찰로 스탈린 통치 기간에 정치적 숙청에 직접 관여한 정보부다.

NKVD는 콜리마의 금광 채취를 담당하던 달스트로이에게 마가단과 야쿠츠크를 잇는 콜리마 하이웨이 각 지역의 강제노동수용소를 관할하는 굴라크를 관리하도록 했다.

NKVD의 산하기관으로 죽음의 수용소인 달스트로이와 굴라크는 강제노동, 즉 죽음이라는 뜻으로 당시 국민들에게는 소름 끼치도록 악명높은 옛 소련 시절의 기관이었다.

한번 들어가면 해골로 돌아올 수밖에 없는 의미로 해골길이자 뼈 위의 길인 콜리마 하이웨이가 1950년대 중반 죄수들에 의해 완성되면서 마가단은 오랜 세월의 고립에서 벗어날 수 있었다.

마가단은 죽음의 길인 죄수의 길로 시작되었다.

마가단은 스탈린 숙청 시절에 콜리마 강제노동수용소 굴라크로 가는 중간기지 역할을 했다.

죄수들을 짐짝처럼 가득 실은 시베리아 횡단열차는 블라디보스토크까지 이송했다.

그리고 현대판 노예선인 화물선에 생선처럼 숨도 못 쉬게 쑤셔넣어

시베리아 강제노동수용소 콜리마 하이웨이를 가다

오호츠크 해안선을 따라 마가단 항구에서 굴라크의 각지로 분산시켰다.

정원을 수십 배나 초과한 시베리아 횡단열차와 화물선으로 보내진 죄수들은 콜리마 강제노동수용소 굴라크에 도착하기도 전에 영양실조와 살벌한 추위로 사망하고 말았다.

콜리마의 굴라크, 즉 시베리아 강제노동수용소에서 얼마나 많은 죄수들이 죽었는지는 현재까지도 알려져 있지 않다.

지금은 세계 배낭여행자들의 로망인 시베리아 횡단열차가 80여 년 전에는 죽음으로 향하는 특급열차였다.

그 세월이 야속하다.

2021년 봄 러시아 교정 당국은 바이칼 호수 서쪽 타이셰트에서 하바롭스크 주 콤소몰스크나아무레를 지나 바니노까지 연결된 바이칼–아무르 철도 공사에 복역 중인 죄수들을 투입할 예정이라고 발표했다.

정당한 월급과 원하면 가족과 생활할 수 있어, 옛 소련 시절 콜리마 강제노동수용소 굴라크와는 전혀 상황이 다르다고 했다.

2009년에서 2012년 사이 여섯 번이나 방문한 우크라이나 키예프의 홀로도모르 희생자 추모탑과 소녀상이다.

추모탑 지하는 박물관으로 사용되고 있다.

　　　시베리아 강제노동수용소 콜리마 하이웨이를 가다

옛 소련 국영농장인 소포즈와 집단농장인 콜호즈는 농민들이 집단경영을 하여 각자 일한 만큼 수익을 분배하는 협동조합이다.

1929년부터 시작된 스탈린의 농업 집단화 과정에서 반굴라크 운동이 발생하여 우크라이나 농민들은 토지와 재산을 빼앗기자 극렬하게 저항하였다.

소비에트 계급의 적으로 낙인찍힌 반굴라크 운동의 대부분은 자작농으로, 반항하는 농민들에게는 식량을 주지 않고 수확물을 강제로 빼앗아 가 수많은 농민들이 굶어 죽었다.

스탈린은 농민들의 저항이 점점 심해지자 '홀로도모르'라는 인위적인 기아를 만들어, 1933년 우크라이나에서 대기근 참사가 발생하였다.

결국은 수많은 우크라이나 농민들이 굶어 죽게 되었고, 지금 우크라이나 사람들은 옛 소련 공산당에 의한 '제노사이드', 즉 의도적으로 우크라이나 사람들을 학살했다고 믿고 있다. 그런데 러시아는 이 홀로도모르를 가뭄을 비롯한 자연재해로 떠넘겼다.

옛 소련이 열다섯 공화국 연방으로 재편되면서 스탈린의 고향 그루지야와 우크라이나의 관계가 애매모호해졌다.

어림잡아 200만 명에서 350만 명의 우크라이나 농민들이 굶어 죽었는데, 매년 11월 홀로도모르 날이 펼쳐진다.

이 홀로도모르는 반러시아의 목소리를 높였던 2004년 오렌지혁명과 2014년 마이단혁명으로 이어졌다.

마침내 러시아는 2022년 2월 24일 반러시아를 외치며 유럽으로 향하는 길목에 있는 우크라이나에 대해 특별 군사작전을 실시했다.

1962년 쿠바 미사일 사태와 닮아 가고 있다.

유즈노사할린스크 망향의 언덕에서 가슴속에 한 맺힌 우리 동포들을 만났듯이, 키예프의 홀로도모르에서도 똑같이 한 맺힌 우크라이나 사람들을 만났다. 정신이 혼란스럽고 마음이 아프고 슬프다.

마가단이 내려다보이는 높은 언덕 위에 콘크리트로 만든 큰 기념상이 서 있다.

이것은 1996년 러시아 옐친 대통령과 중앙정부 그리고 마가단 시청과 상트페테르부르크 시청, Macsocial 은행과 비블리오폴리스 출판사

를 비롯한 러시아 국민과 외국인들의 후원금으로 건립된 애도의 마스크다. 이 기념상은 조각가 에른스트 네이즈베스트니 작품인데, 콜리마 강제노동수용소 굴라크 건설 현장에서 죽임을 당한 죄수들의 슬픔을 기리기 위한 것이다.

마가단도 봄, 여름, 가을은 아주 짧고, 겨울은 무척 길다.
한여름에도 영상 20도 정도이며, 30도를 넘지 않아 선선하다.
산소가 희박한 겨울철 평균 기온은 영하 20도, 추울 땐 영하 40도까지 내려간다.

오호츠크해에 자리 잡은 항구 도시 마가단은 콜리마 하이웨이로 떠날 때 야쿠츠크와의 출발지이자 도착지다.
육로로 갈 수 있는 가장 가까운 도시가 바로 사하공화국 수도 야쿠츠크로, 자그마치 약 2,200km 떨어져 있다.
현재 마가단에서 육로로 이어진 도시는 오로지 야쿠츠크밖에 없다.
마가단을 왜 외롭고 쓸쓸하고 고립된 도시라고 하는지 이해하겠다.
우리 부부는 내일 이 미친 길을 따라 떠난다.

현재까지도 극동 지방인 하바롭스크나 블라디보스토크까지는 도로가 없어 육로로 이동할 수 없다.

사할린 철도와 러시아 본토 철도와의 작업이 진행 중인 것처럼 마가단에서 오호츠크해를 따라 하바롭스크까지 약 1,500km 도로 건설을 계획하고 있는데, 이 길도 절대 호락호락하지 않다.

1934년 11월 7일부터 1935년 2월 23일까지 콜리마 강제노동수용소 굴라크 시절에 첫 번째 탐사가 있었다.

대장 미하일 파데비치 파스테르나크를 선두로 무세르 마테브이 오스타로브를 비롯해 오호츠크와 콜리마 국경수비대 열 명의 군인들이 나가예브 '마가단'에서 출발해 하바롭스크 루트를 따라 약 4,000km를 스키를 타고 횡단하였다.

2014년 마가단은 스키 횡단 80주년을 기념하면서 당시 오호츠크 해안 국경수비대와 개척자를 영웅적으로 추모하고 국민의 용기가 조국을 지킬 수 있다며 적극적인 참여를 권했다.

고립된 도시에서 벗어나려는 노력은 80년 전이나 지금이나 절실하게 이어지고 있다.

야쿠츠크로 향하는 콜리마 하이웨이의 유일한 M56 도로는 건설 과정에 죄수들이 죽으면 바로 그 자리에 매장해 버려 붙여진 '해골길'이라는 이름만 들어도 살벌한 길이다.

해골이 묻힌 '뼈 위의 길'은 지구상에서 가장 춥고 고립된 지역을 관통하는 도로로, 모험심 강한 여행자들 중에서도 극소수의 대담한 여행자들에게 최근에야 알려졌다.

우리 부부가 콜리마 하이웨이 여행을 준비하면서 자료를 찾아보았지만 거의 없었다.

2015년 여행을 다녀온 후 이 글을 정리하면서 또다시 자료를 찾아보았지만, 아직도 전혀 없다.

참고할 만한 외국 도서만 몇 권 눈에 띄었다.

그만큼 멀리 떨어져 있는 무시무시한 도로다.

1991년 옛 소련이 해체된 후 타지키스탄의 파미르 하이웨이를 연상케 한다.

그 시절 파미르 하이웨이도 용기 있는 몇몇 여행자만이 그곳으로 떠났고, 그 가운데서도 선택받은 여행자만이 파미르고원을 만날 수 있었다.

이제는 세월이 흘러 파미르 하이웨이는 세계 배낭여행자들의 발길이 끊이지 않는다.

앞으로 얼마간 세월이 지나면 이름도 생소한 콜리마 하이웨이를 찾는 여행자들이 분명 늘 것이다.

이 죽음의 도로를 따라 약 2,200km를 내륙으로 달리면 세계에서 가장 추운 도시 사하공화국의 수도 야쿠츠크에 도착한다.

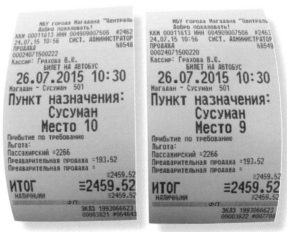

북극권에 속한 콜리마 하이웨이의 겨울은 시베리아 북동부 내륙 깊숙이 위치해 있어 상상 그 이상으로 춥다. 길고 긴 혹독한 겨울은 말 그대로 원시적인 자연 냉동고다.

서너 달 정도 땅이 녹고, 온도가 올라가는 짧은 여름에는 동토의 길이 완전히 푹푹 빠지는 늪지로 변한다.

기나긴 겨울에는 동토의 땅으로, 아주 짧은 여름에는 늪지의 땅으로 바뀌어 마가단에서 야쿠츠크까지 대중교통으로 이동하는 것은 대단한 용기가 필요하다.

야쿠츠크도 엄청 추운데 콜리마 하이웨이를 따라가면 세계에서 가장 추운 마을 오미야콘도 만난다.

우리 부부는 이 죽음의 길을 따라 타이가 기후와 툰드라 사람들과 함께 먹고 자고 이동하면서 한여름에 잠시 달려갈 수 있는 야쿠츠크로 향한다.

무엇 때문에 이 길을 여행하는지 스스로 묻고 싶다.

미친 부부가 아닌데, 미친 길을 달린다.

이 길은 미쳐야 갈 수 있다.

콜리마강을 따라
죄수들의 영혼이 흐르는 곳으로
마가단-수수만 Susuman

■ ■ ■ ■

마가단에서 수수만으로 출발하는 버스는 수, 금, 일요일 10시 30분에 출발하고, 수수만에서 마가단으로 출발하는 버스는 월, 목, 토요일 17시에 출발한다. 버스비는 약 45달러다.

평균 14시간 정도지만 상황에 따라 변수가 너무 많다.

버스를 타고 콜리마 하이웨이가 시작되는 마가단을 출발하자 야쿠츠크까지 2,012km 남았다는 푯말이 반긴다.

참으로 만만치 않다.

죽음의 길의 시작이다.

마가단에서 81km를 달리면 마치 유럽 같은 도시 팔랏카를 지나고, 303km 떨어진 마트로소바로 가는 길목이다.

다시 196km를 더 달려 앗카를 지났다.

　여기까지는 말끔한 포장도로가 이어지고, 이후론 진흙과 메마른 흙먼지로 앞을 분간하기 힘든 비포장도로로 약 2,000km를 더 달려 야쿠츠크에 도착한다.

　콜리마 지역에는 최근까지도 외부에 알려지지 않은 상당량의 금이 매장되어 있는데, 지역과 지역을 오가는 버스에도 이렇게 적혀 있다.
　'콜리마 주민들은 이 지역의 진정한 황금이다.'

마가단에서 서북쪽으로 383km 떨어진 오로투칸에서 쉬었다 간다.

여기에서 123km 떨어진 산골 마을 세임찬으로 갈 수 있고, 참았던 생리작용도 해결할 수 있다.

그리고 522km 떨어진 야그드노예에서 한 번 더 잠깐 쉬었다 가는데, 여기서 모든 볼일을 다 봐야 한다.

몇몇 승객들은 은근히 타이어가 고장 나기를 바란다.

105km 떨어진 수수만까지 쉬지 않고 달릴 텐데, 중간에 버스가 고장

СХЕМА ДВИЖЕНИЯ ПО ПАССАЖИРСКИМ АВТОБУСНЫМ МАРШРУТАМ

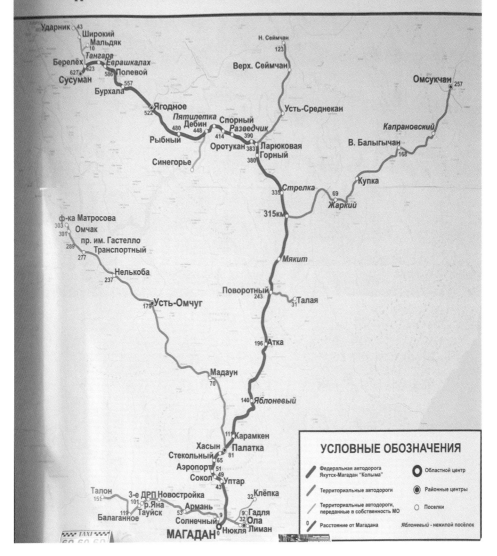

Ударник 43
Широкий
Мальдяк
10
Берелёх 623 Тангара Еврашкалах
627 586 Полевой
Сусуман 557
Бурхала

Н. Сеймчан 123

Верх. Сеймчан

Омсукчан 257

Ягодное 522
Пятилетка Спорный
480 Дебин 448 Разведчик 390
Рыбный 414
Оротукан 383 Ларюковая
Синегорье Горный 380

Усть-Среднекан

Капрановский

В. Балыгычан 168

Стрелка 335
315км

Купка
Жаркий 69

ф-ка Матросова
303 Омчак
301
289 пр. им. Гастелло
Транспортный
277
Нелькоба 237

Мякит

Усть-Омчуг 179

Поворотный 243
Талая 31

Аткa 196

Мадаун 70

Яблоневый 140

Карамкен 111
Хасын Палатка
Стекольный 65 81
Аэропорт 51
Сокол 49 Уптар
43

Клёпка 32

Талон 151
3-е ДРП Новостройка 101
р.Яна Армань
119 Тауйск 53
Балаганное Солнечный 9
МАГАДАН 0 Нюкля

Гадля 9
Ола 32
Лиман

УСЛОВНЫЕ ОБОЗНАЧЕНИЯ

Федеральная автодорога Якутск-Магадан "Колыма"	⬤ Областной центр
Территориальные автодороги	◉ Районные центры
Территориальные автодороги, переданные в собственность МО	○ Поселки
0 Расстояние от Магадана	Яблоневый - нежилой посёлок

TAXI
60 60 60

나면 그나마 쉴 수 있기 때문이다.

　대중교통에서나 즐길 수 있는 시간이다.

　버스를 타고 가면서 누군가 우울했던 지난 시절에 대해 들려주었다.

　80여 년이 지난 과거의 콜리마 강제노동수용소 굴라크의 죄수들에
대한 이야기를 한마디씩 건넸다.

　저기서 몇 명이 죽고, 여기서는 이렇게 해서 죄수들이 죽었다고.

　그 사람들의 영혼이 버스 창문 밖에서 손짓을 하는 것 같다.

시베리아 강제노동수용소 콜리마 하이웨이를 가다

10시 30분 마가단을 출발해 사람이 살 것 같지 않은 적막하기만 한 아파트를 지나 서북쪽으로 627km 떨어진 수수만에 0시 30분에 도착했다. 14시간을 달려오는 동안 늪지대가 많아 모기떼가 줄기차게 따라왔다.

페트로파블롭스크 캄차카의 안따리우스 야외 온천에서도 대못같이 큼직한 모기떼와 한바탕 씨름을 한 것이 부족했나 보다.

이 길에서는 중간중간 타이어가 펑크나도 대수롭지 않게 여긴다.

오히려 펑크가 나면 길 위에서 굳어진 몸을 풀어 주고 심호흡도 할 수 있다.

그러려니 하면서 타이어를 떼워 가며 14시간 만에 올 수 있는 것만으로도 다행으로 생각한다.

이 길 위에서는 모두가 한마음이다.

아내는 순댓국 장사를 하면서도 화장실을 자주 간다.

여행을 하면서 화장실 때문에 신경을 곤두세우곤 했는데, 콜리마 하이웨이에서는 더욱더 신경이 쓰였다.

아내는 콜리마 하이웨이를 지나는 동안 초콜릿으로 허기진 배를 채웠다. 일주일 내내 초콜릿으로 하루 세 끼를 때워 아마도 당분간 초콜릿은 먹고 싶은 생각이 없을 정도다. 그리고 한국에 돌아와 건강 검진

　　　시베리아 강제노동수용소 콜리마 하이웨이를 가다

을 하니, 영양실조란다. 믿기 어렵지만 사실이었다.

순댓국 장사를 하면서 힘들거나 어려울 때, 아내는 콜리마 하이웨이에서 영양실조에 걸렸다고 지금도 투덜거린다.

의사가 진단했으니 맞는 말인데, 평생 들어야 할 말이다.

달려도 달려도 끝날 것 같지 않은 먼지만 휘날리는 길이다.

먼지만 휘날리는 이 길 아래에는 죄수들의 뼈가 묻혀 있다.

그 죄수들의 영혼을 달래는 듯한 검은 회색빛 구름밭을 지나면, 아기자기한 산에 키 작은 나무들이 빽빽히 들어서 있다.

고개를 들 때마다 나타나는 콜리마강은 물 색깔만큼이나 마음을 무겁게 한다.

콜리마 하이웨이와 마찬가지로 지역 이름을 딴 콜리마강은 마가단주를 흐르는 북동 시베리아에 위치해 있어 일 년 중 평균 8개월에서 9개월은 트럭이 지나갈 만큼 꽁꽁 얼어 있다.

콜리마강을 따라가면서 죽음을 뜻하는 악명 높은 옛 소련 시절 굴라크의 흔적을 곳곳에서 만날 수 있다.

그 흔적을 따라가다 보면 콜리마 강제노동수용소 굴라크와 시베리아 수용소에서 가까스로 살아남은 지식인들을 만난다.

17년 동안 콜리마 강제노동수용소 굴라크에서 중노동을 하고 석방
되어 모스크바로 돌아와서 1954년에 집필한
　바를람 티노호비치 샬라모프의 《콜리마 이야기》
　도스토옙스키의 《죽음의 집의 기록》

솔제니친의 《이반 데니소비치, 수용소의 하루》, 《수용소 군도》

이삭 바벨의 《기병대》 등 수용소 문학을 만날 수 있다.

폴란드의 젊은 장교 슬라보미르 라비치는 시베리아에서 25년 동안 강제노동을 한 후 《얼어붙은 눈물》을

옛 유고슬라비아 공산당원인 카트로 스타이너는 시베리아 수용소에서 20년간 유배 생활을 한 후 《시베리아에서의 7천 일》을

히틀러의 정치범 수용소 아이디어를 옛 소련 강제노동수용소 굴라크에서 힌트를 얻었다는 앤느 아플바움의 《소련 강제노동수용소-굴라

크》 또한 유사한 책들이다.

다음은 《콜리마 이야기》에 나오는 강제노동수용소 굴라크 이야기다.

– 카드놀이를 하던 중에 다른 죄수의 옷을 담보로 노름을 하기 위해 태연하게 살인을 하였다.

– 죽은 죄수의 속옷을 훔치려고 무덤에서 시체를 꺼냈다.

섬뜩하고 섬뜩한 그 길 위를 우리 부부는 달리고 있다.

80여 년 세월이 지난 지금도 죄수들의 검붉은 핏물이 콜리마강을 따라 끝없이 흘러가고 있다.

조마조마한 마음으로 콜리마강을 따라가니 수수만에 도착했다.

4만 년 전 모습을 그대로 간직한 6개월 된 새끼 매머드가 키르길랴흐강에서 발견되어 시베리아 매머드로 알려진 수수만이다.

깜깜한 자정 0시 30분에 도착한 수수만의 버스터미널 주변에는 아무것도 없다.

커다란 글씨로 '고스띠니쩌'밖에 보이지 않는다. 호텔이라는 뜻인데, 스프링이 축 처진 침대와 화장실에서는 볼일을 본 후 물을 받아서 해결해야 한다.

화장실 때문에 아무것도 먹지 못하고 녹초가 되어 버린 아내를 반기는 것은 달랑 등 하나 켜져 있는 폐허에 가까운 호텔방이었다.

이 호텔에서 자는 사람은 우리 부부뿐이다.

당연히 카페도 식당도 없고, 복도에는 희미한 작은 등만 덩그러니 불을 밝히고 있다.

좀비가 나올 것 같다.

콜리마 강제노동수용소 굴라크에서 죄수들이 아침저녁으로 죽어 갈 때는 분명 좀비가 존재했을 것이다.

　유즈노사할린스크의 제법 큰 '고스띠니쩌'에서도 공동으로 사용하는 샤워실이나 화장실을 오갈 때 스산하고 소름 돋는 기분을 느꼈는데, 수수만에서는 그 이상이다.

　유즈노사할린스크에서는 동포들의 넋이, 수수만에서는 죄수들의 넋이 우리 부부의 어깨를 짓누른다.
　공포 영화 속의 하룻밤이 이어진다.

사치스러웠던 과거의 세월이
그리움으로
수수만-우스티 네라 Ust-Nera

■ ■ ■

수수만은 콜리마 강제노동수용소 굴라크 중에서 가장 큰 수용소가
있던 곳이다.

피부가 탱탱하고 사치스러울 만큼 화려했던 과거와 달리 팔다리에
힘이 빠진 늙은 도시 수수만에서 하룻밤을 지내고 약 385km 떨어진
우스티 네라로 떠난다.

옛 소련 금광을 캐던 시절에는 다른 도시에 비해 많은 월급과 다양
한 혜택을 받았지만, 지금은 거의 주저앉을 것 같은 아파트만 보인다.

러시아 탐험가들에 의해 19세기 후반에 콜리마에 상당한 금이 매장
되어 있다는 사실이 알려지면서 그때부터 여기저기 파헤쳐져 잘려 나
간 산허리와 지어 놓은 공장들과 건물들이 무너질 듯 아슬아슬하게
남아 있다.

어안이 벙벙하지만 버스터미널이다.

덩그러니 낡은 버스 한 대만 우리 부부를 기다리고 있다.

이 버스를 타고 385km 떨어진 우스티 네라까지 달린다.

일반 대중교통은 수수만에서 끝나고, 우스티 네라를 거쳐 야쿠츠크 까지는 불규칙하게 운행하는 마르슈트카, 일명 미니버스를 탄다.

옛 소련 시절의 마르슈트카는 보통 12인승에서 15인승 버스다.

이것을 개조해 정해진 승차장도 없이 길가에서 손을 흔들면 승객이 원하는 곳에서 승하차하는 만능 버스다.

점점 첩첩산중이다.

대중교통으로 콜리마 하이웨이로 떠난다면 단단히 각오해야 한다.

그렇지 않으면 콜리마 하이웨이를 탐방하는 극소수의 해외 여행사가 있고, 발트 3국에서 4륜 지프차로 출발해 25,000km 죽음의 길을 왕복으로 다녀오는 어마어마한 대모험도 있다.

아니면 이 지역을 연구하는 교수나 관심 있는 학자, 그 밖의 뜻있는 사람들이 동호회를 만들어 출발지에서 도착지까지 현지 파트너의 도움을 받아 함께 이동하는 경우도 있다.

이것도 저것도 싫으면 여행자 스스로 지프차나 오토바이를 직접 운전하는 방법도 있다.

2008년 마가단에서 우스티 네라까지 새로운 비포장도로를 완공했지만, 2015년 8월 현재 대중교통으로 이 죽음의 길을 여행할 때 다시 한번 생각해야 한다.

그렇게 달리다 보니 1937년에 도시가 세워졌다는 우스티 네라 푯말이 웃는다.

세계에서 가장 추운
사하공화국의 수도로
우스티 네라–야쿠츠크 Yakutsk

■ ■ ■

우스티 네라는 네라강과 인디기르카강과 만나는 지점으로 콜리마 하이웨이의 마가단과 야쿠츠크의 거의 중간에 자리 잡고 있다.

유즈노사할린스크에서도 마주쳤는데 여기서도 우즈베키스탄 상인들을 또 만났다.

대단한 그들이다.

또 물어본다.

우즈베키스탄은 멋진 곳이라며 여행을 권한다.

네라강의 제2차 세계대전 70주년 기념 공원에는 오른손에는 검을 들고 왼손에는 아기를 안고 있는 여인상과 탱크, 대포, 군인 동상의 기념탑이 있다.

그 옆에는 러시아 정교회 성모승천성당도 있다.

"칼을 가지고 우리에게 오는 자는 칼로 죽으리라. 러시아 땅은 그 위에 섰고 지금도 서 있다." - 알렉산드르 넵스키

성경에 나오는 격언이다.
칼을 쓰는 자는 칼로 망하리라.
칼로 흥한 자 칼로 망하리라.
칼은 무력이자 폭력으로, 자신의 재주를 믿고 설치다가 그 재주 때문에 망한다는 뜻이다.

"이 기념물은 1941년부터 1945년까지 나치 독일에 대한 소련의 전승 70주년을 기념하기 위해 건립되었다.

우리는 위대한 조국의 자유와 미래를 위해 목숨을 바친 야쿠티아 주민들의 불멸의 위업을 기념하고 자랑스럽게 생각한다.

당신의 위업과 당신의 이름은 영원히 지속될 것이다.

아무도 잊혀지지 않고 아무것도 잊혀지지 않는다."

"조국의 수호자들은 영원히 기억될 것이다.

기억한다.

사랑한다.

적들은 결코 용서받지 못할 것이다."

기념탑에 쓰여 있는 대로 읽어 보았다.

금 채취로 흥하고 망했던 우스티 네라는 콜리마 하이웨이에서 지금도 인구가 가장 많은 마을로 5천 명 정도가 살고 있다.

폭 파인 도로에는 물이 고여 있고, 비가 쏟아질 것 같은 검은 구름과 낡아 버린 지붕에는 지난 세월들이 고스란히 담겨 있다.

러시아 어느 지역이든 번화가에 우뚝 서서 민중들을 보고 있는 레닌 동상도 우스티 네라에서는 초라하다.

시베리아 강제노동수용소 콜리마 하이웨이를 가다

지상에 설치된 온수 파이프를 보니 머리가 삐쭉삐쭉 곤두선다.

온수 파이프가 아니라 죄수들의 영혼이 흐르는 파이프 같다.

수수만과 마찬가지로 우스티 네라도 이집트 여왕 클레오파트라 7세처럼 콧대 높게 번성했던 과거는 사라지고 점점 허리에 힘이 빠지고 있다.

우스티 네라는 약 450km 떨어진 오미야콘의 행정 도시로, 지금까지 달려오고 앞으로 달려갈 길에 비하면 무리가 없다.

오미야콘은 러시아 변방 중의 변방인 극동 시베리아 북동부의 내륙 지방으로 시베리아에서도 오지 중의 오지다.

오미야콘으로 향하는 길은 험난한 동토의 땅이 녹고 꺼지고 다리가 무너져서 너무 위험해, 지금은 운행하는 지프차가 없다.

기회는 이번밖에 없을 것 같아 다시 한 번 지프차를 수소문했는데, 운전사가 나타나질 않는다.

콜리마 하이웨이를 달리면서 세상에서 가장 추운 마을 오미야콘 사람들을 만나고 싶은데, 진퇴양난이다.

시베리아 내륙 깊숙이 있어 세상에 알려지지 않은 톰토르 비행장을 이용할 수도 없다.

톰토르 비행장은 제2차 세계대전 당시 알래스카에서 이륙해 야쿠츠크나 유럽으로 향하는 미국 전투기와 수송기들의 중간기지 역할을 담당했던 군사용 비행장으로, 지금의 러시아와 미국은 원수 같지만, 옛 소련 그 시절에는 한편이었다.

1867년 10월 알래스카가 정식으로 미국 땅이 될 때도, 당시 러시아 제국의 적은 미국이 아니라 영국이었다.

어제의 친구가 오늘은 적으로, 어제의 적이 오늘은 친구로 변하는 세상. 국가와 국가 간에도 이러한데 개인 간의 일들은 말해 무엇하랴.

이번 여행에서 오미야콘을 다녀오지 못한 것이 무척 아쉽지만, 앞으로 콜리마 하이웨이의 오미야콘을 육로로 여행할 수 있는 기회는 다시는 없을 것 같다.

지구 북반구에서 가장 추운 곳인 오미야콘과 베르흐얀스크 마을은 기네스북 기록에 의하면 영하 70도까지 내려갔다. 혹독하다 못해 가혹하게 느껴지는 추위다.

시베리아 추위에 적응된 러시아 사람들조차도 혀를 내두를 만큼 북극 추위로 유명한 오미야콘은 TV로 세상에 알려진 마을이다.

영구 동토로 최저 온도 영하 71.2도를 기록해, 지구상에서 사람이 살고 있는 마을 중에서 가장 추운 곳인 이곳에 현재 460여 명이 거주하고 있다.

또 오미야콘에서 약 630km 떨어진 베르흐얀스크도 최저 기온이 영하 69.8도까지 떨어졌는데, 지금 1,200여 명이 살고 있다.

경험하지 않은 이상 이런 추위는 표현하기조차 힘들다.

오미야콘이나 베르흐얀스크뿐만 아니라 미국 알래스카의 프로스펙트 크릭은 영하 62도, 캐나다 유콘 주의 스내그는 영하 63도, 그린랜드의 노스 아이스는 영하 66도로, 이렇게 추운 곳에서도 사람이 살아간다고 하니 새삼 놀랍다.

인간의 강한 인내력과 생명력에 존경을 표한다.

사람이 살지 않는 미국의 남극 플래토 연구기지는 영하 84도, 러시아의 남극 보스토크 연구기지는 관측 사상 세계에서 가장 추운 영하 89.2도로, 오미야콘과 보스토크 연구기지 두 곳이 모두 러시아에 속해 있다.

러시아 사람들의 농담 중에 "영하 40도는 추위도 아니고 400km는 거리도 아니며 40도는 술도 아니다"라고 했는데, 과연 그렇다.

버스터미널인 동시에 잠을 잔 간이 숙소가 있는 건물이다.

상점과 사무실 그리고 여행자 숙소가 있는데, 달랑 녹슨 침대 하나가 전부다. 샤워는 전혀 할 수 없고 공용 화장실은 허무하지만, 다행인 것은 뜨거운 물은 잘 나온다.

　1층에 공포 영화에서나 나올 것 같은 낡은 카페가 있어 들어갔다.

　주인에게 어떤 메뉴든 밥으로 된 음식을 부탁했다. 그랬더니 쌀을 보여 주며 직접 요리를 하란다.

　우리 부부가 순댓국 장사를 하는 줄 아는 듯하다.

　"보드카가 떨어지면 친구가 떨어진다"는 러시아 속담처럼 러시아 사람들과 함께하려면 보드카가 꼭 있어야 한다.

우스티 네라에서 야쿠츠크까지는 966km, 또다시 마르슈트카 미니 버스를 타고 17시간을 끝도 없이 달렸다.

비가 내리고 길은 질퍽질퍽하다.

배낭을 꽁꽁 묶었다. 푹푹 빠지는 비포장도로를 달리려면 준비를 단단히 하는 수밖에 없다.

당분간 주유소가 없으니 출발하기 전에 기름도 잔뜩 넣고 비상 상황을 대비해 별도의 통에 기름을 가득 넣어 가야 한다.

파미르 하이웨이에서도 그랬지만 오일 탱크 트럭에서 만반의 준비를 끝내야 한다.

러시아의 대표적인 고기 수프 보르쉬와 솔랸카는 여러 가지 채소와 곡물을 넣어 간단하게 먹을 수 있는데, 호밀로 만든 흑빵과 만두 펠메니와 함께 서민적인 식사다.

꼬치구이 샤슐릭에 보드카 한잔도 빼놓을 수 없다.

그리고 산딸기와 체리, 크린베리로 만든 새콤달콤한 모르스 주스를 후식으로 마신다.

보잘것없고 낡은 카페지만 머나먼 길을 달릴 때 허기진 배를 채울 수 있고, 손발이 꽁꽁 얼어 추울 땐 잠시 쉬었다 갈 수 있는 보물 같은 쉼터다. 칠흑같이 어두운 밤에 고장 난 차를 고치는 동안은 더욱더 반가울 수밖에 없다.

시베리아 강제노동수용소 콜리마 하이웨이를 가다

마가단을 출발해 약 2,000km를 달려와 겨우 주유소다운 주유소를 만났다.

니즈니베스탸흐에 가려면 우선 알단강을 건너야 한다. 그리고 다시 레나강을 건너야 야쿠츠크로 향할 수 있다.

다양한 색채로 이루어진 마을이 첫눈에 들어왔다.

알단강을 건너기 전에 만나는 메기노 알단은 마을 전체가 알록달록 무지개 색깔로 단장을 했다.

콜리마 하이웨이를 달려오면서 이렇게 아름다운 마을을 만나다니 의아할 정도다.

소박한 이 마을의 색깔과 하늘의 구름이 멋지게 어울린다.

2017년 우리 부부가 다녀온 쿠바만큼 강한 인상을 받았다.

또 2019년에 여행한 이탈리아 베네치아에서 유리공예로 유명한 무라노섬을 지나 색채가 무척 강했던 부라노섬을 연상시켰다.

알단강 선착장에 도착해 배가 올 때까지 한참을 기다렸다.

맞은편 선착장에서 온 차들이 먼저 하차한 후 조심스럽게 차들을 싣는다.

먼 길을 오가느라 잔뜩 먼지가 묻은 차들의 지붕 위에는 짐들이 가득하고, 피곤하지만 부지런히 움직여야 조금이라도 쉴 수 있다.

알단강 선착장과 곧 건널 레나강 선착장에 교량이 세워지면 하염없이 배를 기다리던 추억은 이 사진뿐일 것이다.

시베리아 동부를 가로질러 북쪽으로 흐르는 알단강도 길이가 자그마치 약 2,200km로 레나강과 합류한다.

시베리아 강제노동수용소 콜리마 하이웨이를 가다

짧은 여름은 선박으로, 기나긴 겨울은 얼어붙은 알단강 위를 화물차나 미니버스가 지난다.

꽁꽁 언 얼음 위를 달리는 차들은 아슬아슬하고 아찔해 보이지만 재미가 쏠쏠하다.

시베리아 칼바람이 부는 알단강의 얼음을 깨고 막 잡아올린 생선을 구워 눈 위에서 얼린 쫀득한 보드카 한잔은 상상 그 이상이다.

어쩌다 운이 좋으면 철갑상어도 맛볼 수 있다.

알단강과 레나강 바지선 선착장에는 서로 반대편으로 강을 건너기 위해 기다리는 차와 손님들이 마주보며 한참을 기다린다.

알단강을 건너 배를 타고 다시 레나강을 건넌다.

콜리마 하이웨이를 달려오면서 피곤한 심신이 알단강과 레나강을 지나며 힐링이 되는 듯하다.

약 4,300km나 되는 레나강은 바이칼 호수에서 시작해 사하공화국을 통과해 북극해로 흐른다.

레나강도 알단강과 마찬가지로 10월에서 다음 해 6월까지는 얼어 있어 배가 다닐 수가 없다.

시베리아 강제노동수용소 콜리마 하이웨이를 가다

여름에는 배가 차량과 여객을 한 번에 실어 나르지만, 두꺼운 얼음
이 꽁꽁 얼어붙은 한겨울에는 자가용이나 화물차 그리고 손님을 실은
버스들이 레나강 위를 달린다.

메기노 알단과 니즈니베스탸흐 사이의 알단강과 니즈니베스탸흐와
야쿠츠크 사이의 레나강 위에 교량을 연결해야 사하공화국 수도 야쿠
츠크에서 마가단까지 철도를 건설할 수 있다.

그래야 야쿠츠크는 진정한 수도 역할을 할 것이고, 초콜릿만 먹고

달려온 마가단에서부터 콜리마 기차를 타고 횡단할 수 있을 것이다.

레나강의 교량은 2014년에 착공해 2020년에 완공을 목표로 했으나 2014년 3월 러시아의 크림반도 합병으로 러시아 크라스노다르와 크림반도의 케르치 해협을 연결하는 대교를 완공하면서 미뤄졌다.

러시아는 크림반도를 1783년에 이어 두 번째 합병함으로써 이제는 케르치 해협을 건너는 선박도 역사 속으로 사라졌다.

2018년 5월 16일 러시아 본토인 크라스노다르와 크림반도를 연결하는 19km의 크림대교가 개통되었고, 2019년 12월 23일에는 러시아 본토와 크림반도를 연결하는 철도 노선이 개통되었다.

2011년 9월 여행할 당시 우크라이나 크림반도 케르치에서 러시아 아빠라 국경선으로 배를 타고 넘어가 2014년 동계 올림픽이 개최되었던 소치로 버스를 타고 가면서 국경선에서 추석을 보낸 추억이 있다.

지난 세월에 영원히 묻혀 버린 케르치 해협의 선박처럼 먼 훗날 알단강과 레나강의 선착장에서 배를 기다리던 시간도 소중한 추억의 사진으로만 기억될 것이다.

시내에는 모피와 보석의 왕국답게 화려한 상점들이 즐비하다.

아내는 순댓국 장사를 하는 동안에는 스킨로션을 제외한 화장은 전혀 하지 않는다.

번쩍거리는 보석에도 관심을 두지 않는다.

나들이할 때마다 작업복은 수북이 쌓여 있어도 외출복이 없어 쩔쩔매는데, 꼭 한 가지 갖고 싶어 하는 것이 모피다.

시베리아 횡단열차 여행을 할 때 모스크바나 상트페테르부르크에서도 그랬고, 중앙아시아 카자흐스탄이나 우즈베키스탄을 여행할 때도 다른 것들은 눈밖인데 모피만 보면 그쪽으로 발길을 옮긴다. 그러다 보니 자꾸 모피 상점을 기웃거리게 되는데, 가격이 만만치 않다.

이탈리아를 여행할 때도 세계적인 유명 브랜드 옷이나 가방뿐만 아니라 팔찌나 목걸이에도 전혀 관심을 주지 않았는데, 야쿠츠크에서는 모피가 자꾸 잡아당기는 모양이다.

마가단을 출발해 팔랏카-앗싸-수수만을 거쳐 사하공화국의 우스티 네라와 메기노 알단 그리고 니즈니베스탸흐를 지났다.
콜리마강과 키르길랴흐강 그리고 네라강과 인디기르카강을 지나서

트로이츠크 정교회 성당

배를 타고 알단강과 레나강을 건넜다.

마가단과 야쿠츠크를 연결하는 약 2,200km의 콜리마 하이웨이를 건설하다 강제노동수용소 굴라크에서 죽은 죄수들의 뼈가 묻혀 있는 길을 달려왔다.

죽음의 길이자 생존의 길을 달려 겨울 도시 야쿠츠크에 도착했다.

버스터미널 주변을 빙빙 돌다가 한자로 적혀 있는 식당으로 들어가니 주방 아주머니가 우리말로 "안녕하세요?" 하고 인사를 했다.

어안이벙벙해서 바라보니, 중국 연변에서 온 조선족 동포가 사하공화국 야쿠츠크에서 식당을 하고 있다.

뷔페식 식당에는 소고기, 돼지고기 볶음밥 등 웬만한 우리 음식은 다 있다. 오랜만에 먹어 보는 우리 음식도 맛있고, 우리말을 듣는 것만으로도 배부르고 행복하다.

1914년부터 1918년까지 제1차 세계대전이 끝나자마자 시작된 러시아 내전 또는 적백 내전 전쟁기념비 앞에서 자전거를 타는 소녀들의 모습에서 평화로움이 느껴진다.

1917년 러시아 혁명 발생 직후 레닌이 이끄는 사회주의 볼셰비키의 붉은 군대와 여러 개의 연합군인 하얀 군대, 일명 백군과 아예 이것도 저것도 이념이 없는 녹색 군대와의 파벌 싸움이었던 러시아 내전은 결국 붉은 군대의 승리로 마무리되었다.

세월이 흘러 제2차 세계대전이 발발했고, 꺼지지 않는 영원한 불꽃을 바라보고 있는 소녀들의 모습에서 밝은 내일을 본다.

그런데 2022년 2월 24일 러시아는 우크라이나에 특별 군사작전을 실시해 제3차 세계대전이 일어날지도 모르는 불안한 상황이다.

1991년 옛 소련 해체 후 나토와 러시아는 러시아 접경 지역에 안전과

평화를 위해 군사를 배치하지 않기로 약속하였다.

하지만 1999년 동유럽의 폴란드, 체코, 헝가리를 나토에 가입시켰고 2004년 바르샤바조약기구 회원국인 불가리아, 루마니아, 슬로바키아와 발트 3국인 에스토니아, 라트비아, 리투아니아도 나토에 가입했다.

그리고 마침내 레드 라인을 넘어 2008년 우크라이나와 그루지야의 나토 가입 추진을 위한 나토 정상 선언문이 루마니아 수도 부쿠레슈티에서 채택되면서 나토는 약속을 저버리고 러시아의 목에 칼을 들이대는 상황으로 변했다.

러시아는 우크라이나의 네오 나치가 동부지역의 러시아계 주민들을 대량 학살한 돈바스 지역의 도네츠크 인민공화국 DPR과 루간스크 인민공화국 LPR의 독립을 승인하였다.

네오 나치는 나치의 후계자라며 히틀러를 추종하는 그룹으로, 부대 마크도 나치와 비슷한 아조프 군대다.

특히 슬로반스크 지역은 우크라이나 정부군과 경찰, 키예프 마이단 전투원들로 구성된 특별 군대가 장악하여 도네츠크 남부와 동부 진입로에는 수십 대의 탱크와 기관총으로 무장한 군인이 러시아계 주민들을 통제했다.

우크라이나 군대와 민족주의자들로 구성된 특별 군대는 민간인을 상대로 계속해서 살인을 저질렀다.

야쿠츠크 도시 건설 기념비와
코사크 용병 출신 개척자 표트르 베네토프

러시아 외무부장관 세르게이 라브로프는 이렇게 말했다.

"인간의 자유와 권리를 훼손하는 우크라이나의 신나치주의는 미국과 유럽의 묵인하에 이루어지고 있다."

크렘린 대변인 드미트리 페스코프도 한마디했다.

"우리는 우크라이나가 나치의 사상과 세력으로부터 완전히 자유롭기를 원한다."

그리고 국방부 대변인 이고르 코나셴코프는 "오늘날 우크라이나의 집권 세력은 나치의 반인륜적 본성을 다시 한번 보여 주고 있다"고 발표했다.

2014년 5월 2일 우크라이나의 네오 나치는 오데사 노동조합의 끔찍한 학살 사건의 주역이었다.

그들은 남부 항구 도시 오데사에서 폭동을 일으켜 돌과 화염병 그리고 소총 등으로 러시아인 48명 이상을 학살하고 200명 이상이 부상을 당했다.

우크라이나 동부에 미국 정보부 요원들이 침투하여 친우크라이나 세력과 친러시아 세력과의 충돌을 유도하는 가운데 오데사에서 친러시아 시위대들이 노동조합 건물에 갇힌 후 화재가 일어나 사망한 사건이다.

이 사건은 우크라이나 정부와 지방 경찰의 묵인하에 우크라이나 우파에 의한 네오 나치가 잔인하게 계획적으로 저지른 것이다.

불길을 피해 창문과 계단을 통해 탈출을 시도하던 러시아인들을 향해 우크라이나 네오 나치는 무자비하게 총을 쏘았고, 실제 사망자 수는 116명 이상이었으며, 발견되지 않은 시체들 대다수가 화재로 타버린 건물 안에 묻혔다.

우크라이나 정부는 러시아인들을 죽이기 위해 화염병을 만드는 여성들을 칭찬했고, 우크라이나 남자들에게 강간을 당한 러시아 여인들은 살해되거나 화염병을 던져 증거를 인멸하기도 했으며, 우크라이나 정부는 이 모든 사실을 숨겼다.

러시아와 우크라이나는 같은 슬라브 민족이지만 우크라이나 내에서 친러 세력에 관한 학살은 존재했다.
러시아계 사람들은 인종적·민족적·종교적·육체적·정신적·문화적으로 제노사이드를 받았다.
러시아가 계속해서 외교적 해법을 촉구하였지만, 나토는 러시아의 요구와는 반대로 약속을 어기고 긴장감을 높여 러시아의 특별 군사작전이 개시되었다. 이런 일은 일어나서는 안 되지만 터무니없는 통킹만의 자작극처럼 원인 제공은 미국과 나토의 몫이다.

1964년 베트남전쟁의 구실을 삼았던 통킹만 사건은 40년 만에 비밀

문서가 공개되어 미국의 대표적인 위장 전술이었음이 알려졌다. 미국이 베트남전쟁을 일으키기 위해 벌인 자작극이라는 것이 밝혀지면서 세상 사람들을 경악하게 했다.

 미국은 2003년에도 대량 살상무기 폐기를 목적으로 이라크 전쟁을 일으켰다. 그리고 우크라이나를 더 강력하게 지배하기 위해 2014년 2월 22일 친러시아 성향의 빅토르 야누코비치 대통령을 탄핵하게 한

시베리아 강제노동수용소 콜리마 하이웨이를 가다

것도 오바마 대통령의 위장 작전으로 알려져 있다.

러시아의 특별 군사작전 없이 우크라이나와 평화적으로 함께 살아갈 수 있었는데, 지금의 두 나라 지식인들 사이에서 뼈저린 후회의 말들이 나오고 있다.

그동안 미국은 러시아를 전쟁터로 끌어들이기 위해 그루지야, 시리아, 우크라이나 세 나라를 이용해 왔는데, 우크라이나에서 그 결과를 지켜보고 있다.

미국의 손아귀에서 벗어나려는 자는 반드시 미국에 의해 죽임을 당한다는 것이 21세기 절대 권력자의 철학이다.

생일을 콜리마 하이웨이의 도착지 야쿠츠크에서 맞았다.

세계의 변방을 여행하면서 쓸쓸하게 생일을 보낸 적이 한두 번이 아닌데, 이번에는 아내와 함께할 수 있어 더없이 행복하다. 케이크를 자르며 노래를 부르고 따끈따끈한 밥에 미역국은 아니지만, 어제 조선족 식당에서 푸짐하게 국수와 비빔밥을 먹었다.

그리고 야쿠츠크 문학의 창시자이자 작가인 플라톤 오윤스키(본명 플라톤 슬렙초프) 동상 앞에서 기념 촬영까지 했으니, 생일잔치는 이만하면 족한다.

　캄차카의 안따리우스 야외 온천에서부터 시작된 모기와의 전쟁은 마가단을 지나 수수만과 우스티 네라에서 절정을 이뤘고, 야쿠츠크에서는 날파리 때문에 신경이 곤두섰다.

　산책할 때나 야외 벤치에 앉아 있어도 긴팔 옷을 입어야 한다.

　분위기 좋은 야외 카페나 레스토랑에서 커피를 한잔 할 때도 줄기차게 달려들었다.

두꺼운 옷을 뚫고 물어뜯는 모기떼 때문에 이중 삼중으로 옷을 걸쳐야 했던 파미르 하이웨이의 카라쿨처럼 죽음의 길을 지나오니 모기떼와 날파리가 새까맣게 달려들며 반긴다.

우리 부부가 멋진 시간을 보내는 것이 샘이 나는 모양이다.

자꾸자꾸 훼방을 놓는다.

네룬그리를 출발해 하바롭스크를 거쳐 블라디보스토크까지 이어지는 기차표를 예약했다.

늘 그랬지만 시차가 있어 기차표를 살 때 신경을 써야 한다.

러시아 영외 영토인 칼리닌그라드에서부터 육로로는 갈 수 없는 캄차카와 사할린까지 자그마치 11시간이나 시차가 있다.

러시아를 여행할 때마다 시차 때문에 가끔 혼란스럽기도 한데, 특히 모스크바에서 옛 소련 열다섯 공화국 연방의 기차표를 끊으면서 시간과 기차역이 무척 헷갈린다. 러시아 사람들도 마찬가지다.

생활 리듬이 맞지 않아 몇몇 지방 정부는 중앙 정부에 시간대를 통일시켜 달라는 입법 청원을 했으며, 다른 지방 정부도 청원을 넣고 있다.

시간대가 통일되면 모든 기차 시간표가 모스크바 시간으로 변경되는데, 나라가 워낙 넓다 보니 이런 일도 발생한다.

우리나라에서는 상상도 못할 일이다.

성모 성당

야로슬라브스키 예멜랴이 미하릴로비치

특별한 선물을 받은
석탄 도시로

야쿠츠크-네룬그리 Nerungri

■ ■ ■

2013년 네룬그리에서 철도가 연결된 니즈니베스탸흐는 사하공화국 최북단에 있는 기차역으로, 철도가 없는 수도 야쿠츠크보다 교통과 물류의 중심 역할을 하고 있다.

이뿐만 아니라 남쪽으로는 네룬그리로, 동남쪽으로는 암가로, 그리고 동쪽으로는 마가단으로 향하는 연방 도로가 연결되어 있어 당분간은 그럴 것이다.

우리 부부가 여행 중이던 2015년 8월까지는 니즈니베스탸흐에서 네룬그리까지 화물열차만 다녔다.

그리고 남쪽의 알단과 틴다까지도 화물열차만 운행하였다.

2022년 현재는 알단을 지나 톰모트까지 일반 기차가 운행되고 있으니, 야쿠츠크까지 철도가 연결되는 건 시간 문제인 것 같다.

　야쿠츠크까지 철도가 놓이면 시베리아 횡단열차의 출발역이자 종착역인 블라디보스토크역까지 좀 더 느긋하게 갈 수 있고, 틴다에서도 바이칼 아무르 철도와 연결되어 콤소몰스크나아무레까지, 그리고 곧 유즈노사할린스크까지 갈 수 있다.

　어제와 오늘이 다른 세상이니 곧 그렇게 될 것 같다.

　야쿠츠크에서 약 810km 떨어진 네륜그리까지 17시간을 밤새 달렸다. 달리다 보니 롤모드 441km, 틴다 983km, 목적지인 네륜그리 784km, 네베르 1,157km를 더 가야 한다는 푯말이 반갑기만 하다.

　수천 킬로미터씩 이동하는 러시아를 비롯한 옛 소련 땅에서 이제는 100km도 아니고 1,000km 이하는 눈에 들어오지도 않는다. 야쿠츠크

에 들어갈 때나 나올 때 가슴이 확 뚫리는 레나강을 또 건넌다. 레나
강에 황혼이 진다.

좁디좁은 미니버스 안에서 쪽잠을 자고 일어나니 온몸이 아프고 쑤신
다. 하지만 콜리마 강제노동수용소 굴라크의 죄수들이 몇 달씩 짐짝처
럼 쑤셔박힌 채 마가단까지 실려 온 것을 생각하니 정신이 번쩍 들었다.

아무것도 보이지 않던 깜깜한 길이 어느 사이 눈에 들어왔다.
저녁 7시에 출발하여 울퉁불퉁 제멋대로인 도로를 따라 다음 날 오
후 12시에 도착했다. 약 2,200km를 달려온 것에 비하면 아무것도 아
니다.

2,200km 콜리마 하이웨이 여행을 마치며

네륜그리-하바롭스크 Khabarovsk

■ ■ ■

네륜그리에서 8월 1일 오후 1시에 출발해 하바롭스크에 3일 자정 0시 13분에 도착한다.

하바롭스크에서 8월 3일 7시 53분에 출발해 블라디보스토크에 3일 오후 8시 17분에 도착한다.

러시아에서 이런 예약 티켓은 좀처럼 보기 드문 경우인데, 예약한 서류를 가지고 역에서 본 티켓으로 교환해야 한다.

이번 여행은 시베리아 각 지역으로 석탄을 공급하는 네륜그리에서 마무리한다.

야쿠츠크에서 밤새 달려와 겨우 기차역 화장실에서 얼굴에 물만 묻히고 하바롭스크행 기차에 올랐다. 기차역 식당에서 아침 겸 점심을 해결하고, 앞으로 이틀간 또 샤워를 할 수 없다.

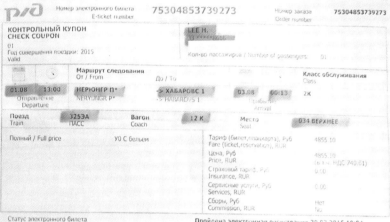

			Номер электронного билета E-ticket number	**75304853739273**		Номер заказа Order number	**75304853739273**

КОНТРОЛЬНЫЙ КУПОН
CHECK COUPON

01
Год совершения поездки: 2015
Valid

LEE H.

Кол-во пассажиров / Number of passengers: 01

		Маршрут следования От / From	До / To			**Класс обслуживания** Class
01.08 **13:00** Отправление Departure		**НЕРЮНГР П*** NERYUNGR P*	**ХАБАРОВС 1** HABAROVS 1	**03.08** **00:13** Прибытие Arrival		**2K**
Поезд Train	**325ЭА** ПАСС	**Вагон** Coach	**12 K**	**Место** Seat		**034 ВЕРХНЕЕ**

Полный / Full price	У0 С бельем		
		Тариф (билет,плацкарта), Руб Fare (ticket,reservation), RUR	4855.10
		Цена, Руб Price, RUR	4855.10 (в т.ч. НДС 740.61)
		Страховой тариф, Руб Insurance, RUR	0.00
		Сервисные услуги, Руб Services, RUR	0.00
		Сборы, Руб Commission, RUR	Нет No

Статус электронного билета
E-ticket status

Пройдена электронная регистрация 30.07.2015 10:04
E-registration completed

Отмена электронной регистрации возможна до:
Cancelling e-registration available till

01.08.2015 12:00

Дополнительная информация:
Additional information

КУРИТЬ ЗАПРЕЩЕНО. ВРЕМЯ ОТПР И ПРИБ МОСКОВСКОЕ

Дата и время оформления:
Date and Time of Booking

30.07.15 10:03

Перевозчик (ИНН)
Carrier (VAT number)

ФПК ДАЛЬНЕВОСТОЧНЫЙ / АО ФПК (7705705686)

Форма оплаты
Payment method

Наличные
Cash

Служебная информация

МИ024М0J ФПК/

Подтверждаю, что с правилами и особенностями оформления, оплаты, возврата
неиспользованного электронного билета, заказанного через Интернет и проезда
по электронному билету, а также с офертой, ознакомлен.
I confirm that I have read and agree with the rules and conditions of the order, e-
ticket payment,refund of unused e-ticket and the offer contract.
Я согласен с реквизитами поездки и подтверждаю, что персональные данные
пассажиров верны.
I agree with the travel details and confirm that all personal data are correct.

ПОСАДОЧНЫЙ КУПОН
BOARDING COUPON

Распечатайте данный купон и предъявите при посадке вместе с документом,
удостоверяющим личность, указанным при покупке электронного билета.

Please print this coupon and present it when boarding the train. You must bring
your identification document, as given when the purchasing the e-ticket, with
you.

 Российские
железные дороги

Счастливого пути!

Веб-ресурс ООО "УФС"

телефон службы поддержки: (495) 269-83-65

Дата формирования купона 30.07.15 10:05

콜리마 하이웨이를 달려오면서, 그리고 시베리아 횡단열차를 타는 동안 샤워를 못하는 건 당연한 것이 되었다.

처음에는 몸이 근질근질했는데 이것도 적응되니 아무렇지도 않다.

남자는 그렇다 치더라도 여자에겐 고행의 길이다.

9,288km 시베리아 횡단열차 여행을 하면서 적응이 되었는지 아내도 이 정도는 부담이 없는 모양이다.

1,600km 떨어진 하바롭스크까지 35시간을 달려야 하지만, 기차로는

350시간이 걸려도 부담이 없다.

러시아 시골 마을 풍경 속으로 이어지는 자작나무를 감상하며 읽고 싶은 책을 보다가 싫증 나면 보드카를 한잔 하면 된다. 보드카에 취해 그 자리에 누우면 바로 침대다. 기차 안에서 마음껏 먹고 마시고 편하게 누워서 세상을 바라보며 갈 수 있다.

아내는 긴 시간 버스를 타고 이동할 때는 화장실 때문에 늘 부담을 느낀다. 하지만 기차에서는 샤워는 할 수 없지만 화장실을 자유로이 사용할 수 있으니 고마워한다.

준비한 음식이 떨어지면 플랫폼에서 러시아 가정 음식을 정성스럽게 만들어 파는 사람들도 있고, 아니면 커다란 창문으로 시골 마을을 감상할 수 있는 분위기가 근사한 식당칸도 있다. 매일 샤워는 할 수 없지만 여행에 필요한 웬만한 것은 기차 안에 다 있다.

배로 동해와 블라디보스토크를 왕복하고, 비행기를 다섯 번 탔으며, 여섯 개의 강을 만나 두 강을 건너는 데 배를 세 번 탔다.
러시아 극동 지방 중에서도 하늘길로 갈 수밖에 없는 사할린과 불화산의 캄차카에서는 잊을 수 없는 시간을 보냈다.

마가단에서 해골길, 뼈 위의 길, 생존의 길, 죽음의 길이라 불리는 지구상에서 가장 추운 도로인 약 2,200km의 콜리마 하이웨이를 지났다.
우리 부부는 왜 이토록 험난하고 지겨운 길을 지나왔을까.
고생고생하며 여행을 마치고, 그런 콜리마 하이웨이를 다녀왔다고 하면 열 명 중 열 명은 이상하다는 표정으로 쳐다봤다.
그렇게 바라보는 사람들의 이야기를 들으면 정말 그렇게 들린다.
우리 부부도 그렇다.

러시아는 워낙 넓어서 이웃집 마실 가듯 가더라도 몇 시간이 아니라 며칠을 다녀와야 하고, 다녀오면 이산가족 만나듯 한다.

　시베리아 횡단열차를 타고 블라디보스토크에서 모스크바까지 왕복으로 다녀오려면 기차 안에서 꼬박 2주를 보내야 하니 실로 거대한 나라다.

　러시아 극동 지방과 콜리마 하이웨이 여행을 마치고 블라디보스토크로 가는 시베리아 횡단열차 안에서 우리나라와 비교할 수 없을 만큼 땅덩어리가 엄청 크다는 것을 새삼 또 느낀다.

시베리아 횡단열차를 타고

하바롭스크–블라디보스토크

■ ■ ■

하바롭스크 기차역 대합실에서 7시간 동안 꾸벅꾸벅 졸다가 블라디보스토크로 출발하는 기차에 올랐다.

이 대륙 끝에서 저 대륙 끝으로 달리는 시베리아 횡단열차는 세계 배낭여행자들의 로망이다.

블라디보스토크에서 모스크바 또는 반대로 횡단하는 기차 안에는 러시아 사람들의 살아가는 모습뿐만 아니라 여러 나라에서 온 다양한 사람들을 만날 수 있다.

그러니 시끌벅적 신난다.

네륜그리에서 출발한 기차는 간선 철도로 바이칼 아무르 철도 노선의 틴다를 지나고 시베리아 횡단열차 노선과 만나는 스코보로디노 기차역에서 하바롭스크로 간다.

　　시베리아 강제노동수용소 콜리마 하이웨이를 가다

중국 국경선에서 가까운 스코보로디노는 2011년에 이어 타이셰트에서 시작한 시베리아와 중국을 잇는 두 번째 송유관 공사가 한창이다.

2009년 중국은 상하이 협력 기구의 한 나라인 카자흐스탄과, 2017년에는 미얀마, 그리고 파키스탄 그 밖의 나라들과 해양을 거치지 않고 육로로 이어지는 국제 송유관 건설에 집중하고 있다.

중동과 아프리카에서 수입할 때 길목마다 지키고 있는 미국의 영향을 받고 싶지 않기 때문이다.

그러니 여행자보다는 현지인들이 대부분이다.

현지인들도 여행은 여행이다.

땀 흘리며 하루하루의 삶에 만족하고 나와 가족의 행복을 찾는 보통 사람들이다.

우리 부부도 아현동 순댓국집에서 매일매일 경험하는 소중하고 고마운 시간이다.

세상에는 여러 종류의 기차가 여행자들을 기다리고 있다.

지금 우리 부부가 타고 가는 단일 노선으로는 지구상에서 가장 긴 철도인 시베리아 횡단열차도 있고, 초호화 특급열차인 '골든 이글 트랜스·시베리안 익스프레스'도 있다.

모스크바에서 블라디보스토크까지 약 2주 동안 세계 최장 길이를 운행하는 이 기차의 가장 큰 매력은 유럽 귀족 문화를 고스란히 담고

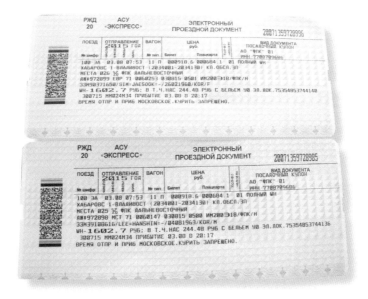

있다는 것이다. 요금은 약 2천만 원 이상이며 예약 보증금만 150~500만
원이 든다.

아름다우면서도 무시무시한 기차도 있다.

아르헨티나의 '트렌 아 라 누부 기차'는 산악 지형을 지그재그 나선
형 철도를 따라 21개의 터널과 13개의 환상적인 다리를 건넌다.

13,000피트 약 4,000m 높이를 달리는 이 기차는 비행기를 타고 가
는 듯한 착각을 불러일으키는데, 고산병을 대비해 산소 칸도 있다.

　에콰도르의 9,000피트 약 2,800m 조금 못 미치는 높은 고도에서 운행하는 '나리즈 델 디아블로 기차'는 안데스산맥을 감상할 수 있지만, 세계에서 가장 위험한 노선 중 하나로 고도차를 줄이기 위해 스위치백으로 운행한다.

　반면에 로맨틱하고 우아한 기차 여행도 있다.
　대표적인 것이 기네스북에 세계에서 가장 호화로운 기차로 기록된 남아프리카공화국을 가로질러 달리는 5성급 호텔 '블루 트레인'이다.

　케이프타운에서 프리토리아까지 2박3일간 약 1,400km를 달리는 동안 황제처럼 보낸다.

　46시간을 기차 안에서 보내는 요금은 디럭스 캐빈 약 330만 원, 럭셔리 캐빈 약 400만 원에 팁은 별도인데, 모든 것이 포함되어 있어 거기서 돈을 쓸 일은 없다.

　우리 부부가 꼭 타보고 싶은 기차가 '블루 트레인'과 '로보스 레일'이다.

　클래식한 '로보스 레일'은 케이프타운을 출발해 프리토리아를 지난다. 그리고 나미비아, 짐바브웨, 보츠와나, 스와질란드, 탄자니아까지 아프리카 대륙을 연결하는 개인 버틀러 서비스로 32개의 객차에 72명의 승객만 탑승한다.

기차 한 칸의 반을 차지하는 약 5평의 로열 스위트는 빅토리아 양식의 별도 욕실도 있다. 저녁 식사 때는 꼭 정장을 입어야 하지만 그만한 가치가 있다.

아프리카 들녘에 석양이 질 때 바이올린과 첼로 연주를 들으며 아내와 함께 최고급 와인을 곁들인 식사를 한다면 더없이 행복한 시간이 될 것이다. 말이 필요 없는 한 편의 영화다.

저렴한 것은 약 270만 원, 제일 고급스러운 것은 약 2,300만 원이니, 아현동으로 돌아가면 순댓국 장사 부지런히 해야겠다.

수십 번 생각하게 만드는 인도도 예외는 아니다.

12년 전 인도 여행 때, 낡은 객실과 객실 사이뿐만 아니라 지붕 위까지 아슬아슬하게 매달려 가면서도 웃음을 잃지 않던 인도 사람들이 퍽 인상적이었다.

그런 인도도 기찻길 위를 달리는 궁전 같은 '마하자라 익스프레스'는 약 730만 원으로 7박8일간 약 3,000km를 달리면서 14개의 객차에 82명의 승객만 태운다.

바퀴 달린 왕궁이라는 '팰레스 온 휠'은 세계 최고 럭셔리 기차 4위로, 왕실 분위기가 듬뿍 나는 14개의 객실에 88명의 승객을 태운다.

　　시베리아 강제노동수용소 콜리마 하이웨이를 가다

약 6개월 전에 예약을 해야 표를 구할 수 있고, 요금은 약 450만 원에서 850만 원까지 다양하다.

또한 기발한 기차 여행도 있다.

스위스의 '필라투스 산악 열차'는 최대 경사 48도의 세계에서 가장 가파른 톱니바퀴 한 칸 기차로 알프스의 그림 같은 마을을 감상할 수 있다.

인도에는 유네스코 세계문화유산으로 지정된 세 종류의 단선으로 이루어진 산악 철도도 있다. 히말라야의 평균 2,000m 높이를 꼬불꼬불 달리는 협궤 열차로 86km의 '다르질링 히말라야 철도', 46km의 '닐기리 산악 철도', 96km의 '칼라–심라 철도'가 그것이다.

오대양 육대주에는 뜻밖의 기차들이 지금도 바쁘게 움직이고 있다.

스위스의 '글레이시어 익스프레스'와 '고타드 파노라마 익스프레스', 뉴질랜드의 '트랜즈 알파인', 호주의 '더 간', 미국의 '캘리포니아 제퍼', 캐나다의 '더 캐나디언', 유럽의 '오리엔트 특급열차', 세르비아와 몬테네그로의 '베오그라드 투 바르', 아일랜드의 '벌몬드 그랜드 하이버니안', 영국의 '칼레도니안 슬리퍼' 등 기차 여행만큼이나 다양한 인생을 살아가고 있는 세상 사람들을 기다리고 있다.

이번 여행을 통해서 또 한 번 삶의 의미를 경험하며 배웠다.

러시아 정교 성모승천 대성당

시베리아 강제노동수용소 콜리마 하이웨이를 가다

다시 블라디보스토크로

■ ■ ■

러시아의 오른쪽을 커다랗게 한 바퀴 돌고 블라디보스토크로 다시
돌아왔다. 참 넓기도 하다!

영화나 잡지, 책 또는 TV나 신문에서 하얀 눈이 무릎까지 푹푹 빠
지는 극동의 블라디보스토크를 보면 저절로 배낭을 메고 떠나고 싶다.
묘한 매력에 빠져든다.

2019년 TV에서 방송된 '시베리아 선발대'의 첫 출발지가 블라디보스
토크다. 보기만 해도 군침이 도는 킹크랩과 토실토실 살이 오른 싱싱
한 곰새우를 먹던 모습이 지금도 생각난다.

2005년에 개봉된 영화 〈태풍〉의 촬영지도 블라디보스토크다.

두 배우가 서로 마주보고 있는 다리 아래가 시베리아 횡단열차의 출발
역이자 도착역이다. 이 영화를 통해 블라디보스토크가 널리 알려졌다.

지금은 세상을 떠난 유명 인사도 있다. 1956년 뮤지컬 영화 〈왕과 나〉에서 태국 왕으로 나온 세계적인 배우 율 브리너다. 이 영화는 허구적인 내용이 포함되어 있어 막상 태국에서는 상영되지 못했다.

스위스계 러시안이자 미국인인(본명 유리 보리소비치 브리네르) 그가 태어난 곳이 블라디보스토크다. 그래서 그런지 그는 자신이 스위스인과 일본인의 피가 반반 섞인 '타이디에 칸'이라고 주장하기도 했다.

1956년 〈십계〉, 1958년 〈카라마조프가의 형제들〉, 1960년 〈황야의

7인〉, 1962년 〈대장 부리바〉, 1969년 〈나레르바 전투〉 등 그가 출연한
영화는 지금도 많은 사람들이 즐겨 본다.

　할아버지는 독일계 스위스인으로 러시아 여성과 결혼했는데, 친할머
니가 몽골계 부랴트인이어서 그런지 그에게서 동양적인 느낌도 풍긴다.

율 브리너 가문은 대한제국으로부터 목재 삼림 채벌권을 얻어 울릉도, 압록강, 두만강의 500년이 넘는 고목들을 러시아로 가져갔다. 그때 조선인 몸에 밧줄을 걸어 목재를 끌게 하여 수많은 사람들이 죽고 다치는 등 가혹한 강제 노역을 시켰으며, 러일전쟁 이후에도 조선인을 강제로 사할린으로 데려가 계속 노역을 시켰다.

대한제국의 삼림을 바탕으로 막대한 부를 모았지만 1917년 러시아 혁명으로 모든 것을 잃어 율 브리너의 어린 시절은 가난하였고, 그러한 인연으로 조선에서도 잠시 생활하였다.

환하게 웃고 있는 이 가족 사진을 보니 마음이 따뜻해진다.

마음은 황금빛처럼 눈부신 풍성한 가을 들녘이다.

'조국을 위해 목숨을 바친 이들에 대한 영원한 기억'처럼

이 한 장의 사진도 훗날 웃음을 선물해 줄 것이다.

일본에 의해 강제 징용되어 간 사할린의 우리 동포들.

시베리아에서 노예처럼 외화벌이를 하는 북한의 벌목 노동자들.

옛 소련 공산당 서기장 스탈린의 홀로도모르로 인해 희생당한 우크라이나 농민들.

콜리마 강제노동수용소 굴라크에서 도로에 묻혀 버린 죄수들.

율 브리너 가문에 의해 강제 노역을 당했던 조선인들.

러시안룰렛 게임처럼 도 아니면 모처럼 정신을 얼얼하게 만드는 96도 보드카 한잔 찐하게 하고픈 콜리마 하이웨이 여행길이다.

블라디보스토크에서 오랫동안 사업을 하는 친구들도 있고, 옛 소련 열다섯 공화국 연방에서 이곳으로 온 러시아 친구들도 있다.

그들과 보드카 잔치를 벌이고 싶지만, 모두 바쁘게 살아가는 모습에 목소리로 안부를 전한다.

블라디보스토크에서 하룻밤을 보내고 내일 동해로 떠난다.

블라디보스토크항을 떠나
동해로

■ ■ ■

루스키섬과 대교가 항구에서 점점 멀어져 간다.

블라디보스토크항에서 자동차로 40~50분 정도 떨어진 루스키섬은 극동의 상트페테르부르크 크론슈타트라고도 한다.

길이는 약 18km, 폭은 약 13km 되는 작은 섬이다.

크론슈타트는 루스키섬보다 일곱 배나 작은 섬으로, 핀란드만의 상트페테르부르크에서 32km 정도 떨어진 스웨덴령이었던 코틀린섬을 표트르 대제가 빼앗아 발트 함대를 세운 곳이다.

2012년 8월 1일 루스키섬과 블라디보스토크를 연결할 당시에 세계 최장 사장교인 3.1km의 루스키 대교가 개통되었다.

루스키 대교가 개통될 무렵 우리 부부는 시베리아 횡단열차 여행을 하였고, 9월에 APEC(아시아태평양경제협력체회의)이 개최될 때 여행을 마무리했었다.

　지난 시간이 그리워 2015년 한여름과 2019년 한겨울에 다시 블라디
보스토크항을 찾았는데, 이 시간도 벌써 추억이 되었다.
　미래에는 모든 것이 추억으로 기록된다.

　　2017년도 우리 부부가 한 달간의 쿠바 여행을 거의 마무리할 무렵이었
다. 수도 하바나에서 서쪽으로 180km 떨어진 비날레스를 여행할 때다.
중부와 동부 지방 여행을 마치고 산티아고 데 쿠바에서 약 900km 떨
어진 하바나까지 15시간 동안 덜컹덜컹하는 버스를 타고 도착하자마

자 곧장 비날레스로 향했다.

비날레스 버스터미널에서 민박집 까사로 향하는데 어떤 젊은이가 "안녕하세요!" 하고 꾸벅 인사를 했다.

생김새가 동양인도 아니고 고려인 또는 조선족도 분명 아닌데 한국말을 너무 잘해 반갑기도 하고 신기했다.

알고 보니 서울 어느 대학에서 2년간 한국어 공부를 하고 고향 비날레스에서 재충전의 시간을 갖고 다시 한국에 가려고 준비 중인 청년이었다.

머나먼 쿠바 비날레스에서 한국말을 들을 줄 상상도 못했는데, 그 청년이 무척 고맙게 느껴졌다.

그렇게 쿠바 여행을 마치고 다시 순댓국 장사를 할 때다.

검게 그을린 잘생긴 청년이 식당으로 들어오면서 벽에 걸려 있는 체게바라 그림과 우리 부부를 힐끔힐끔 쳐다보았다.

순댓국을 한 그릇 깨끗이 비우고 이 그림이 왜 여기에 걸려 있는지 묻는데, 이 청년도 한국말 실력이 보통 아니었다.

그도 서울 어느 대학에서 한국말을 공부하기 위해 쿠바에서 왔는데, 하필이면 비날레스에서 만난 그 청년이 공부한 학교였다.

그래서 서로 아느냐고 물으니 고개를 끄덕였다.

지구 반대편에 있는 쿠바와 그렇게 인연이 시작되었다.

이번 여행에서도 사람과의 인연을 소중하게 여기는 사할린과 캄차카 사람들, 그리고 콜리마 하이웨이의 툰드라 유목민을 만났다.

페트로파블롭스크 캄차카에서는 러시아 딸이 생겼다.

페트로파블롭스크 캄차카에서 아현동까지 현실로 옮기는 것이 결코 쉬운 일이 아닌데, 그 딸이 아현동 순댓국집까지 찾아왔다.

우리 부부는 그 딸로부터 사람 냄새나는 인생을 살아야 한다는 교훈을 얻었다.

서산대사와 김구 선생의 말씀이 또다시 떠오른다.

"눈길을 걸을 때는 항상 조심해야 한다. 그대가 남긴 발자국이 뒤따르는 다른 사람의 길이 된다."

아내 나탈리야 곤차로바와 자신의 명예를 지켜야 한다며 러시아로 망명한 프랑스군 장교 조르주 단테스와 결투를 하고 이틀 후 38세의 짧은 생을 마감한 〈삶이 그대를 속일지라도〉라는 유명한 시를 남긴 푸시킨도 스친다.

100여 권의 그림책을 펴낸 동화작가 탸샤 튜더는 자신의 전원 생활을 그린 《행복한 사람, 탸샤 튜더》에서 "눈길 위의 새들의 발자국은 레이스 같아 세상에서 가장 아름다운 발자국을 남긴다"고 했다.

　콜리마 하이웨이 여행을 통해 조심스러운 길을 걸었는지 아니면 아름다운 길을 걸었는지 되돌아본다.

　블라디보스토크항에서 동해로 돌아오면서 만난 여행자들이 반갑다.
이제 우리 부부는 현지인이고 이들이 여행자다.
　- 여보! 내년 여름휴가는 아프리카, 남미, 중앙아시아, 어디로 가지?
　- 와인의 천국 몰도바!

– 몰디브도 아니고 몰도바가 어디야!

– 동유럽 루마니아와 우크라이나 사이에 있는 자그마한 내륙 국가지.

– 얼마나 작은데?

– 남한의 1/3 정도 될까?

– 그런 나라를 한 달 동안 여행하자고?

– 세상에서 제일 맛있는 와인을 마시면서 신혼살림을 차리면 되지!

– 이탈리아, 프랑스, 오스트리아 와인도 아니고 몰도바 와인이라구?

– 몰도바 와인이 얼마나 유명한지, 세상 사람들은 잘 모를 거야!

제2장
러시아-그루지야
밀리터리 하이웨이

2014 Russia-Georgian Military Highway

세계에서 가장 아름다운 산악 도로를 향해

■ ■ ■

　인천공항을 출발해 우즈베키스탄 타슈켄트를 거쳐 아제르바이잔 바쿠 공항에 도착해 본격적인 여행을 시작하기 전, 캅카스의 향기에 흠뻑 빠진 우리 부부는 벌써 그루지야 와인과 아르메니아 코냑에 취한다.

　새콤달콤한 레드, 화이트 와인과 노아의 방주 아라라트 코냑에 정신이 팔린 채 러시아-그루지야 밀리터리 하이웨이로 향한다.

　러시아-그루지야 밀리터리 하이웨이는 세계에서 가장 아름다운 산악 도로 중 한 곳이다.

　세계에서 가장 추운 도로인 러시아의 약 2,200km 콜리마 하이웨이와 세계에서 가장 거친 도로 중 한 곳인 타지키스탄의 약 1,300km 파미르 하이웨이와는 정반대의 느낌이다.

시베리아 강제노동수용소 콜리마 하이웨이를 가다

"캅카스를 정복하라"는 러시아 블라디캅카스와 그루지야 트빌리시를 연결하는 비교적 짧은 220km쯤 되는 이 도로는 그루지야에서 러시아로 갈 수 있는 가장 빠른 길이다. 가장 높은 곳은 약 2,400m다.

트빌리시를 떠나 옛 수도 므츠헤타와 중세 요새인 파릇파릇한 진발리 호수를 지나 아나누리를 거쳐 스키장이 있는 구다우리를 가로지르면 2,379m의 즈바리 '십자가' 패스가 기다린다.

즈바리 패스는 에카테리나 여제가 러시아-그루지야 밀리터리 하이웨이 개통을 기념하면서 가장 높은 지점에 십자가를 세워 즈바리 패스라고 부른다.

즈바리 패스를 넘어가면 무리를 지어 춤추는 양떼와 제멋대로 돌아다니는 돼지몰이를 하다가 곤히 잠든 목동들이 거니는 테르기 계곡에 도착하기 전, 유속이 꽤 빠른 아라그비강을 만난다.

이 강은 므츠헤타에서 카스피해로 들어가는 약 1,400km 되는 므트크바리강과 만난다. 므트크바리강은 터키어의 쿠라강과 같은 지명으로 간혹 헷갈릴 때도 있다.

이어서 꼭꼭 숨어 있는 계곡 마을 스테판츠민다가 나타나고, 카즈베기산의 2,170m 꼭대기에 신비롭게 서 있는 성삼위일체 성당을 지나 러시아와의 국경선인 다리알리에서 끝난다.

그루지야의 지붕 캅카스산맥에는 해발 5,000m가 넘는 여섯 개의 산맥 중 '얼음산'이라 불리는 5,047m의 카즈베기산이 절정을 이룬다.

러시아와 그루지야의 국경선에 있는 산을 넘어가면 유럽의 최고봉인 5,642m의 러시아 옐브루스산이 기다리고 있다.

그리스 신화의 프로메테우스의 전설에 따르면 "신으로부터 불을 훔쳐 인간에게 선물하여 그 벌로 산 위에 묶여 날마다 독수리들에게 자신의 간을 쪼아 먹혔다"는 프로메테우스가 묶여 있던 산이 바로 카즈베기다.

구다우리에 있는 러시아와 그루지야 우호조약 기념비는 1783년에 체결된 게오르기예프스크 조약 200주년을 기념하여 1983년에 만든 모자이크 조형물이다.

이 거대한 기념비는 12개의 반우 아치를 두고 콘크리트와 돌로 쌓아올렸다. 모자이크 그림의 반은 러시아, 나머지 반은 그루지야를 상징하는 담배 공장 노동자들의 꿈과 희망을 표현하였다.

게오르기예프스크는 러시아 북캅카스의 스타브로폴 지역의 도시로 러시아와 그루지야의 중간 지대에 자리하고 있다.

스타브로폴은 옛 소련 공산당 서기장이자 초대 소련 대통령을 지내고 노벨평화상을 수상한 미하일 고르바초프의 고향이기도 하다.

시베리아 강제노동수용소 콜리마 하이웨이를 가다

러시아-그루지야 밀리터리 하이웨이는 1768~1774년 사이에 러시아 제국과 오스만투르크 제국과의 전쟁을 위해 군사용으로 건설하기 시작해 1799년부터는 유럽과 아시아를 잇는 주요 무역로로 실크로드 상인들도 사용하기 시작하면서 일반인들의 거주가 시작되었다.

러시아 제국에 의해 그루지야 지배와 터키와의 전쟁을 위한 군사용 목적으로 시작되어 러시아 황제 알렉산더 1세는 1801년 그루지야를 합병한 후 캅카스를 지배하기 위한 남하정책으로 1817년 공사를 완공하였다. 그리고 1853~1856년 사이 크림전쟁에서 패한 러시아는 흑해의 부동항과 연결하기 위해 더욱더 이 길에 집착하여 1862년까지 확장 공사를 하였다.

그루지야 고리 출신인 스탈린은 제2차 세계대전 중에 포로로 잡혀온 독일군들을 동원해 일 년 중 반 년은 엄청난 폭설로 도로 기능을 상실한 이 길에 대대적인 공사를 시작했다. 포로들이 죽으면 콜리마 하이웨이의 죄수들처럼 도로 위에 바로 묻어 버렸다.

타지키스탄의 판 마운틴과 마찬가지로 산사태로 도로가 막히는 것을 대비해 그것도 여섯 개의 반터널식 공사를 한겨울에, 이렇게 험난한 공사를 할 수밖에 없었을까 하는 생각에 포로들의 마음처럼 무겁다.

타지키스탄의 수도 두샨베와 제2의 도시 후잔을 연결하는 300km가 조금 넘는 판 마운틴은 지형이 너무 험난하여 스탈린도 철길이나 도로 공사를 포기할 만큼 위험천만했는데, 현대의 첨단기술로 두 개의 터널이 뚫리고 새로운 도로가 건설되어 2013년 역사 속으로 완전히 사라지고 말았다.

반터널식은 겨울에 폭설이나 눈사태가 일어나도 지붕으로 흘러내려 도로가 막히지 않는다.

그 때문에 차들은 거북이 걸음으로 지날 수 있지만, 빙판길 위를 지날 때 아슬아슬해 마음이 조마조마하다.

러시아–그루지야 밀리터리 하이웨이나 시베리아 중에서 최고 변방인 북동 시베리아의 콜리마 하이웨이, 이 두 길은 포로와 죄수들에 의해 건설되어 그 아래 해골이 묻힌 한 맺힌 영혼의 도로여서 그런지, 그곳을 지날 때 우리 부부의 어깨를 짓누르는 것 같았다.

제3장
파미르 하이웨이

2013-2012 Pamir Highway

파미르에서 만난 모든 친구들에게 감사의 마음으로 이 책을 선물한다.
파미르를 오랫동안 기억할 대한민국에서 온 여행자 이한신.

Дарю свою книгу в благодарность всем друзъям
которых я встретил в Памире.
Всегда с воспоминаннями о Памире.
Путешественник с Южной Корен Ли Хан Шин.

키르기스스탄 Kyrgyzstan

Бул китепти Памирлик досторума белек кылам.
Памирдеги унутулгус элестерим ар дайым менин журогумдо.
ТҮштҮк Кореядан Ли Хан Шин.

■ 오시 Osh−사리타시 Sary Tash

25년 전 처음 중앙아시아 여행을 떠날 때 설레는 마음으로 희미한 흑백 필름 카메라를 들었다. 이제 25년이 흘러 중앙아시아를 다시 찾을 땐 흥분된 마음으로 색깔도 선명한 디지털 카메라를 든다.

키르기스스탄 오시에서부터 타지키스탄 파미르고원을 지나 우즈베키스탄 타슈켄트까지 파미르 길을 여행 순서대로 되짚어 보려 한다.

파미르 길을 걸으면서 그때그때 일기장에 기록해 둔 이야기를 통해 15세기 파미르고원과 20세기 파미르고원을 지나, 25세기 파미르고원을 만난다.

먼저 간단하게 러시아어, 키르기스어, 타지크어, 우즈베크어로 파미르 친구들에게 감사의 마음을 전한다. 옛 소련이 해체되고 30년이 흘러 이제는 러시아어를 잊어버린 파미르 친구들이 있다. 좀 더 시간이 지나면 그들의 모국어만 사용하게 될 것이다.

세월이 흘러 다시 현재를 돌아봤을 때 아쉬운 부분이 많을 것이다. 그런 부족함을 가지고 여행과 사랑에 빠진 중독자는 진정한 자유를 얻고자 세계의 지붕 파미르고원의 친구들과 자연을 만나러 다시 떠난다.

Amici Pamiri

From Osh To Tashkent

Friends Who Traveled Pamir Together

파미르 하이웨이의 역사는 200~300년 전후지만, 파미르고원의 역사는 수천 년이다.

파미르 하이웨이는 키르기스스탄 오시에서 두샨베까지. 또 타지키스탄 두샨베에서 오시까지 이어지는 약 1,300km, 세계의 지붕 파미르고원을 달리는 세계에서 가장 거친 도로 중 한 곳이다.

옛 소련의 M41 파미르 하이웨이는 아프가니스탄의 마자리샤리프 또는 우즈베키스탄 테르메스에서 출발하기도 한다.

타지키스탄 수도 두샨베를 지나 쿨럅, 아무다리야강, 판지강을 따라 고르노–바다흐산(GBAO) 주의 호로그와 젤란디, 알리쳐 그리고 고산 마을 무르갑과 카라쿨을 지나 키르기스스탄의 두 번째 도시 오시에서 끝난다.

두샨베에서 쿨럅까지 200km
쿨럅에서 칼라이 쿰까지 170km
칼라이 쿰에서 호로그까지 240km

호로그에서 이시카심까지 105km

이시카심에서 랑가르까지 150km

랑가르에서 무르갑까지 230km

무르갑에서 카라쿨까지 130km

카라쿨에서 오시까지 275km

험난한 길이 이어진다.

타지키스탄의 평균 해발 고도는 3,186m, 파미르 하이웨이는 900m~4,655m로 파미르고원의 그림 같은 산악 지역을 통과한다.

두샨베 800m

쿨랍 650m

칼라이 쿰 1,300m

호로그 2,100m

이시카심 2,550m

랑가르 2,800m

무르갑 3,600m

아크 바이탈 패스 4,655m

카라쿨 3,900m

오시 963m

귀가 멍하고 숨이 막히는 높이다.

7,000m가 넘는 산봉우리들로 세계의 지붕이라 불리는 4,655m의 파미르고원은 아프가니스탄, 우즈베키스탄, 타지키스탄, 키르기스스탄을 횡단하는 고대 무역로로 수천 년 전부터 이용되어 왔다.

파미르 하이웨이는 파키스탄의 마지막 국경 마을 소스트에서 4,693m의 쿤자랍 패스를 가로질러 신장 위구르의 국경 도시 타슈쿠르간을 지나 카스까지 운행하는 카라코람 하이웨이에 이어 세계에서 두 번째로 높은 산악 도로다.

험난한 계곡과 다양한 자연뿐만 아니라 혹독한 산악 기후로 인해 지역과 지역을 연결하는 도로 상황이 너무 열악하여 19세기 러시아 탐험가들이 파미르고원을 탐사한 후 우주의 달보다 더 멀다고 표현하였다.

파미르 유목민들의 문화와 역사, 심장이 터질 것 같은 놀라운 풍경, 낭떠러지 옆으로 떨어질 듯 울퉁불퉁한 자갈길, 인터넷은 상상도 못하고 편안한 숙박 시설은 꿈도 꿀 수 없는 파미르고원을 횡단하고 나면 에너지가 고갈된다.

하지만 숨 막히는 산맥을 통과하는 특별한 모험을 즐길 수 있는 스파르타식 여행에서 파미르고원의 비밀을 알 수 있다

이것이 파미르고원을 여행해야만 하는 이유다.

한때는 작은 독립 국가들과 고립된 마을들이 옹기종기 모여 있던 파미르고원은 1800년대 영국 왕실과 중앙아시아 패권을 두고 다투던 러시아 황실에 의해 처음 건설되어, 1930년대 옛 소련이 갈고닦아 후세 사람들이 이곳으로 향하게 되었다.

19세기 대영 제국과 러시아 제국은 100년간의 그레이트 게임을 시작하여 영국은 인도와 아프가니스탄을 거쳐 중앙아시아 북부로 전진하고 있었고, 러시아는 카자흐스탄, 키르기스스탄, 우즈베키스탄, 타지키스탄의 남쪽 영토를 점령하고 있었다.

아프가니스탄과 타지키스탄 사이에 지금까지 존재하는 국경선을 기준으로 서로 군대가 정면 충돌을 하는 경우, 신속하게 군대를 이동해야 하는 새로운 도로 건설의 시작이 파미르 하이웨이의 역사다.

상트페테르부르크 러시아군 본부의 비밀회의에서 키르기스스탄 오시에서 사리타시까지 도로를 건설하기로 결정한 후, 1894년 M41 파미르 하이웨이의 첫 길인 페르가나와 알라이 계곡이 연결되었고, 1937년에는 오시와 호로그까지 건설되었다.

타지키스탄이 CCCP(소비에트사회주의공화국연방)의 한 공화국이 되면서 신장 위구르에서 파미르 하이웨이를 통해 아프가니스탄과 인도로 오가며 군사의 길에서 실크로드로 상황이 변했다.

시베리아 강제노동수용소 콜리마 하이웨이를 가다

1940년에는 호로그와 두샨베 사이의 도로 건설이 시작되었지만, 옛 소련과 아프가니스탄은 1979~1989년까지의 10년 전쟁과 타지키스탄의 독립 이후 내전이 발생한 1992~1997년 동안 파미르 하이웨이는 무방비 상태로 남아 있었다.

2000년대 파미르 하이웨이는 카라코람 하이웨이와 연결되면서 아프가니스탄, 타지키스탄, 신장 위구르를 연결하는 무역로로 활성화되었다.

하지만 아프가니스탄에서 생산된 아편의 약 90%가 이 길을 통해 밀반입되면서 파미르 하이웨이는 안타깝게도 아프가니스탄의 헤로인 하이웨이 또는 아편 하이웨이로 바뀌었다.

내가 배낭을 짊어지고 떠나면
언제부터인지 주변 사람들은
이번에도 중앙아시아로 가느냐고 묻곤 했다.

티그리스강, 유프라테스강, 나일강과 함께 세계 4대 문명 발상지의 한 곳인 인도도 돌아보았고,
《노인과 바다》의 어니스트 헤밍웨이와 혁명의 아이콘 체 게바라의 쿠바도 산책하였고,
생텍쥐페리의 《어린 왕자》에 나오는 바오바브나무를 찾아 아프리카 인도양의 마다가스카르도 거닐었는데, 그래도 또 묻는다.

그러고 보니 중앙아시아와 인연을 맺은 지 25년의 세월이 흘렀다.
결코 짧지 않은 세월이다.
나는 중앙아시아와 함께 청춘을 보낸 셈이다.

중앙아시아와 나는 어떤 인연일까!
친구 아니면 연인, 연인 아니면 친구.
나와 중앙아시아는 친구이자 연인 사이로
지금도 지독하게 흠모하는 연인이자 친구다.
나와 중앙아시아의 관계가 언제까지 이어질지는
나도 모르고 중앙아시아도 모른다.

중앙아시아가 내 옆에 있기에 성큼성큼 다가섰을 것이다.
그런 친밀함을 가지고 중앙아시아에 장대하게 우뚝 솟아 있는 세계의 지붕 파미르고원으로 향한다.

푸석푸석하지만 사람 냄새가 듬뿍 나고 인정이 넘치는 촌스러운 유목민들. 빛바랜 건물들과 하늘을 덮고도 남을 만큼 거리를 휘감고 있는 고목들. 백만 킬로미터는 더 달렸을 수십 년은 족히 넘은 옛 소련제 구닥다리 자동차들. 모두 정겹다.

무엇보다 나를 다정스레 반겨주는 친구들이 있기에 중앙아시아의 대도시든 지방이든 시골 작은 마을이든 어느 곳이든 발길만 닿아도 마음이 가볍다.

어머니의 포근한 젖가슴처럼 느껴지는 오시에서 우즈베키스탄 안디잔으로, 타지키스탄 후잔으로 국경선을 넘나들던 시간들은 이제 먼지 묻고 누렇게 빛바랜 종이가 되었다.

이번에는 타지키스탄 카라쿨로 국경선을 넘는다.
지금 이 시간도 세월이 흘러 과거의 시간이 될 것이다. 과거의 시간이 되었을 때 또다시 파미르고원의 어느 곳에 머물 것이다.

오시 시내가 한눈에 들어오는 솔로몬산에 오르니 눈과 귀가 시원하다.
인생을 살면서 이런 시간이 참 많은데, 가까이 있으면서도 하루하루 생활에 지쳐 무심코 지나치게 된다.

시간이 지나고 보면 작은 것에서 소중함을 놓치는 경우가 있다.
지금, 이 시간에도 아름답고 소중한 것들을 그냥 지나치는지 모른다.
내 곁에 있는 아내와 가족, 친구들. 문득 전화해서 보드카 한잔 할 수 있는 그들이 더없이 고맙고 행복하다.

내 나이 예순, 먼 훗날 이들과 어쩔 수 없이 헤어질 수밖에 없을 테니 더욱더 사랑해야겠다.

신장 위구르에서 중앙아시아 실크로드 길 파미르고원에 첫발을 디뎠을 때, 옛 거상들이 머물다가 각자의 길로 향하던 사리타시.
아주 오랜 옛날 그 거상들의 쉼터였던 레다 유목민 집에 머물다 떠난다. 세월 속에 과거와 현재가 변함없이 공존하는 사리타시 유목민.

옛 거상들은 빵 한 조각에 알코올 한잔 마시고 낙타 등에 짐을 싣고 떠났다.
나도 그 거상들과 마찬가지로 그렇게 먹고 마시고 배낭을 짊어진다.
그 거상들은 알코올, 나는 보드카다.
그들이 가던 길을 따라가면 유목민과 만날지 모른다.

타지키스탄 Tajikistan

Ман ин китобро бо миннатдории самимӣ ба ҳамаи дӯстони Помир дод.
Ман ҳамеша Помир дар хотир хоҳад дошт.
Сайёҳ аз Кореяи Ҷанубӣ Ли Хан Шин.

■ 카라쿨 Karakul

키르기스스탄 오시에서 시작되는 파미르고원은 타지키스탄 카라쿨
에서부터 본격적인 여행이 시작된다. 세계의 지붕이라 일컫는 파미르
고원은 결코 쉽지 않은 길이다.

내가 첫발을 디뎠던 때는 용기 있는 소수 여행자에게만 길을 내 주
었다. 하지만 지금은 사륜구동 지프차로 오토바이로 자전거로 파미르
고원을 달리는 신나는 여행자들을 자주 만나게 된다. 파미르고원의 신
비로움을 찾는 여행자들의 발길이 하루가 다르게 많아졌다.

달리고 또 달려도 먼지만 휘날리는 한없이 불편한 파미르고원으로 발
길을 돌리는 이유는 간단하다. 신비로운 자연과 그 자연을 닮은 사람

제3장 파미르 하이웨이

들. 세상과 동떨어져 살아가는 사람들. 파미르고원을 지나면서 만나는
그 유목민과 동행한다.

　험난한 파미르 길 위에서의 유목민은 바로 나다.

　고요함

　적막함

　시퍼런 검붉은 빛을 내는 카라쿨 호수

　소리도

　냄새도 없는

　카라쿨이다.

　이렇게 머나먼 곳, 세계의 지붕 파미르고원의 끝자락 타지키스탄 카
라쿨에서 파미르의 친구 에르킨과 딜다한을 또다시 만날 수 있어 한
없이 기쁘다. 그들과 내가, 나와 그들이 살아가는 동안 다시 만날 것이
라고는 꿈에도 생각지 않았는데, 나는 지금 카라쿨의 에르킨과 딜다
한의 흙집에 머물고 있다.

　머리털이 다 빠질 것 같은 푹푹 찌는 한여름에도 도톰한 긴 팔과 긴
바지를 입고, 망사 털모자를 목까지 뒤집어쓰고 장갑을 껴야 대못같이
뾰족한 모기를 겨우 피할 수 있다.

담장 너머 촛불을 켜야 하는 재래식 화장실을 보름달이 훤히 비춰
준다. 간이 세면대에서 겨우 눈곱을 떼고 양치질을 할 수 있는 것만으
로도 행복하다.

모두 몸과 마음이 건강한 듯해 감사하다.
이 따스함을 간직하면서 카라쿨을 떠난다.
3,900m 높이의 카라쿨에서 파미르 유목민과 함께 밤을 보내고 이
거친 땅에서 그들을 볼 수 있는 기회가 다시 올지는 아무도 모른다.

■ 무르갑 Murgab

카라쿨에서 무르갑으로 향하는 동안 아무것도 만나지 못할 것 같은
파미르 길에서 덜컹거리는 화물차를 만나면 그렇게 반가울 수가 없다.
오시에서 무르갑까지 410km 파미르 길이 뻗어 있다.
해발 평균 고도는 오시 963m, 사리타시 3,200m, 카라쿨 3,900m,
무르갑 3,600m다. 그리고 또다시 세 개의 패스를 통과한다.
국경선인 키질-아트 패스 4,282m를 지나고, 그중 가장 높은 아크-
바이탈 패스 4,655m와 톨릭 패스 3,615m를 오르내리며 10~12시간을
달려 오가는 파미르 길이 참으로 숨차다.

키르기스스탄과 타지키스탄 국경선을 통과할 때 운이 좋으면 국경선의 군인들과 차 한잔 할 수 있는 기회도 있고, 꼬불꼬불 울퉁불퉁 세 개의 패스를 지나는 동안 파미르 길을 좀 더 오래 볼 수 있다.

사람들과 커다란 짐들을 꽉꽉 실은 미니버스나 지프차에 앉아 있으면 고산병에 머리가 빙빙 돌고 허리가 저리고 다리에 쥐가 나지만, 그래도 파미르 길과 바꾸지 않겠다.

소중하고 귀한 마르코 폴로 양고기에 보드카 한잔을
화덕에서 막 구워 낸 따끈따끈한 빵 논에 차 한잔을
황량한 초원에서 딴 상큼한 과일을
머물던 방 난로에 땔감이 부족해 오들오들 떨면서 깜깜한 밤에 나무를 구하러 갔던 무르갑의 유목민과 함께한 시간이 떠오른다.

무르갑이 내려다보이는 언덕 위에 올라 그 유목민을 바라본다.
그 유목민도 나를 바라보며 미소로 선물한다.
그 미소 속에는 KGB 사무실에서 여행자가 왜 이런 곳을 왔느냐며 심문하듯 묻던 아주 오래된 이야기도 있다.

3,600m 높이에 있는 고산 마을 무르갑에서는 약간의 어지럼증을 느끼게 된다. 그때는 서부 영화처럼 먼지가 휘날리는 바자르에서 찐한

보드카 한잔이 약이다.

예전에는 여행자가 머물 수 있는 곳은 유목민의 민박집뿐이었다.
그땐 사방을 둘러보아도 파미르고원뿐, 모두 흑백 아날로그였다.
그런 무르갑에 여행자의 쉼터 호텔 파미르는 신선한 충격이다.
와이파이는 사용할 수 없지만, 모바일 통신이 가능해 인터넷을 사용
할 수 있다. 훨씬 빠른 인터넷 속도에 고산병보다 머리가 혼란스럽다.
연필을 깎아 버석버석한 종이에 서류를 작성하던 과거의 시간이 그
립다.

■ 호로그 Khorog-수친 Suchin-바르탕 Bartang-이시카심 Ishkashim

튀겨 놓은 빵이 달랑 두 개 남았다.
호로그에 머무는 동안 빵을 튀기는 아가씨 앞을 지나는 게 습관이
되었다.
어제도 오늘도 빵 가게 앞을 지난다. 내일도 그 앞을 지날 것이다.
손을 흔들면서 환하게 웃으며 하루에도 몇 번씩 이 아가씨와 마주치
게 된다. 언제 보아도 사진 속 모습 그대로다.

윤곽이 뚜렷한 쌍꺼풀에 눈썹도 진하고 눈도 크다.

파미르고원을 달려오면서 보기 드물게 세련된 아가씨를 만났다.

호로그 버스터미널에서 스카프와 기념품을 팔고 있는 아가씨다.

첩첩산중 파미르고원에 둘러싸여 있는 이 아가씨는 뉴욕, 런던, 파리, 로마의 대도시 멋쟁이들보다 더 세련되고 멋스럽다.

2018년에 알리가 세상을 떠났다는 슬픈 소식을 2019년 8월에 들었다. 웃을 땐 영락없이 찰리 채플린을 꼭 닮은 알리, 첫 만남부터 마지막까지 웃던 그였는데….

2019년 12월 중국 우한에서 발생한 코로나 바이러스로 우리 부부는 2020년과 2021년 여름휴가는 아현동 집에서 보냈다.
만일 2022년에 자유로운 여행이 가능해지면 제일 먼저 찰리 채플린의 동네 파미르고원으로 달려갈 것이다.

GBAO의 수도 호로그. 옛 소련에서 타지키스탄이 독립할 때 타지키스탄에서 또다시 독립을 선언한 GBAO. 그들은 분명 독립 국가지만 국제적으로 인정을 받지 못하고 있다.

타지키스탄과 GBAO의 관계는 애매모호하다.
GBAO(Gorno-Badakhshan Autonomous Oblast)는 '파미르고원 공화국'이다.
과거에는 타지키스탄 비자 받기가 무척 까다로웠고, GBAO 퍼밋(통행증)을 받는 것은 더욱더 행운일 때, 나는 행운과 함께 파미르 길을 걸었다.
깔끔한 GBAO 청사 광장 앞에 아기자기한 꽃들과 어우러진 소모니 동상이 호로그의 상징성을 보여 준다.

시베리아 강제노동수용소 콜리마 하이웨이를 가다

파미르 길에서 유일한 도시 고르노-바다흐산의 주도 호로그,

러시아어로 '산이 많은 바다흐산이다.

편안하지 않지만 2성급 호텔과 괜찮은 호스텔 또는 게스트하우스도 있다.

파미르 길을 오갈 때 넉넉하게 휴식을 취할 수 있는 호로그,

소박한 레스토랑, 카페, 상점들이 여행자를 반겨주고, 우편과 메신저를 확인하기엔 너무 느린 인터넷은 오히려 파미르 길을 닮았다.

여기서는 기본적인 편안함과 인터넷, TV 등을 기대하기 어렵다.

하지만 무르갑이 변했듯이 호로그도 변할 것이고, 파미르 길도 달라질 것이다.

지금은 스스로 혼자 하는 것이 현명한 파미르 길이다.

시원해 보이지만 때론 위험천만한 군트강에서 젊은이들이 수영을 하고 있다. 강한 바람에 나무다리가 휘청휘청하고, 빠르게 흘러가는 물결은 파미르고원 깊은 산속의 질긴 생명력을 가진 유목민을 닮았다.

벽돌만 한 핸드폰이 신기하게 느껴질 때 이 우체국에서 두샨베로, 알마티로, 비슈케크로, 타슈켄트로 그리고 서울로, 운이 좋아야 겨우 전화를 걸 수 있었던 그 시절,

시베리아 강제노동수용소 콜리마 하이웨이를 가다

　내가 쓰던 낡고 반질반질해진 수화기는 세월이 흘러도 그 누군가를 기다리고 있다. 이제는 별로 찾을 리 없는 또 다른 여행자를.

　군트강과 판지강이 만나는 파미르고원의 중심지 호로그.
　호로그 거리는 자그마한 오아시스다.
　시원하게 쪽 뻗은 고목들이 하늘을 향해 서 있고, 길 옆에는 아기자기한 꽃들이 피어 있다.
　호로그에서는 온종일 걸어도 기분이 좋다.

파미르 유목민들은 고장 난 차를 만나면 그냥 지나치는 일이 없다.
반드시 내려서 어디에 고장이 났는지 살펴보고 고쳐 주고, 진하게
포옹을 하고는 각자의 길로 향한다.

네 차와 내 차가 따로 없다. 무슨 일이 생기면 서로 힘을 합쳐 헤쳐 나간다. 아무 조건 없는 유목민의 삶이자 지혜다.

내가 살아가는 동안 내 삶의 경쟁 상대는 누구일까? 무엇일까?
아마도 그 누구는 나일 것이고 그 무엇은 나의 시간일 것이다.

세계에서 가장 높은 산악 도로 중 하나인 파미르고원은 사리타시에서 레닌 피크 7,134m를 바라보며 아크−바이탈 패스를 지나 카라쿨 호수의 숨 막히는 전경을 감상할 수 있다.

주유소가 따로 없어 연료를 충분히 준비해야 하고, 별도의 기름통도 챙겨야 한다. 또한 스스로 정비를 할 줄 알아야 한다. 누군가의 도움을 기다리다가 해가 저물 수도 있다.

현대 문명에서 벗어나 일주일 이상 파미르고원을 가로지르는 것은 타지키스탄의 산악 지역에서는 지루하고 긴 여행 시간이다.
파미르고원을 횡단하는 동안 불편한 충격과 먼지 나는 푸석푸석한 길을 경험하는 대가로 아름다운 풍경을 보고, 세계의 끝 가장자리의 독특한 문화를 알 수 있는 기회를 가질 수 있다.
참으로 용기 있는 여행자만이 가질 수 있는 특권이다.

　오킴의 어머니와 가족들이 군트강에서 잡아온 팔뚝만 한 싱싱한 물고기를 삶고 튀기고 볶는다.

　빈대떡처럼 큰 바삭바삭한 빵을 내온다.

　따뜻한 차도 빠지지 않는다.

　집을 둘러싸고 있는 과수원에서 따온 싱싱한 사과도 가득하다.

　과수원 한복판에서 양봉한 천연 꿀을 한 바가지 떠온다.

　먹고 또 먹어도 계속해서 이것저것 수북이 쌓인다.

　파미르고원에 포근하게 안긴 호로그의 수친처럼 오킴 가족의 넉넉함도 푸짐하게 쌓여만 간다.

홀로 파미르고원을 자전거로 달리는 이름 모를 여행자에서 힘찬 박수를 보낸다. 자전거로 파미르고원 한가운데를 지나는 이 여행자의 시작과 끝이 어디일지 모르겠다. 최소한 어림잡아도 2,000km 이상은 달렸을 것이다.

자전거를 타고 파미르고원을 달리는 이 여행자는

남쪽 아프가니스탄으로

동쪽 신장 위구르로

북쪽 키르기스스탄과 카자흐스탄을 지나면 러시아로

그 어느 곳을 지나려면 3,000km 이상 더 페달을 밟아야 한다.

영화 속 저격수와 같은 지독한 외로움과 혹독한 고통을 감내해야 한다.

나는 충분히 공감한다.

그는 진정한 여행자다.

하늘이 너무나 인상적인 파미르 길에는 물건을 가득 실은 대형 화물
차들이 쉼 없이 달린다.

2013년 10월 박근혜 대통령은 부산에서 유라시아를 거쳐 유럽까지
도로와 철도를 건설하는 유라시아 이니셔티브(Eurasia Initiative) 구상인
실크로드 익스프레스(SRX, Silk Road Express)를 제안했다.

2013년 10월 중국 시진핑 국가주석도 중국 주도로 새로운 경제 구
상인 신실크로드 '일대일로'를 처음 언급했다.

육상 실크로드인 중국 서부 지역 신장을 통해 중앙아시아와 유럽을
연결하고, 해상 실크로드인 중국 남부 지역 바닷길을 통해 동남아시아
와 인도양 아프리카로 이어진다는 구상이다.

육로와 해로를 연결하는 21세기 실크로드다.

그로부터 일 년 후 2014년 10월 아시아 인프라 투자은행이 설립되고, 2016년 1월 AIIB(Asian Infrastructure Investment Bank)가 공식 출범했다. 시진핑 국가주석은 일대일로와 AIIB로 양 날개를 달았다.

여행자인 나는 자유와 행복의 양 날개를 달고 그 육상 실크로드를 가로지르는 길목 위를 지나고 있다.

아름다운 파미르 길의 절정을 보고 있다.

이렇게 환상적인 파미르 길은 클래식 음악을 닮았다.

재즈, 블루스, 포크, 탱고 음악도 어울린다.

무반주 첼로 협주곡과 파미르 길은 쌍둥이다.

비와 눈, 바람은 맞을 수도 다가설 수도 있지만,

구름은 향기로 느낀다.

자유, 낭만, 여유, 구름을 꼭꼭 씹어서 향기로 마신다.

파미르 길은 앞으로 나아가는 길도 아름답지만, 뒤를 돌아볼 때는 더욱더 아름답다. 우리 인생길도 마찬가지다.

파미르고원을 지나오면서 사람들이 늘 북적거리는 곳은 버스터미널이다. 험난한 파미르고원을 오가야 하는 사람들은 대중교통이 부족해

피곤은, 지상의 천사들이 살아가는 곳.
그곳을 찾기위한 여정, 힘겨움도 고단함도 벗어 던지고 이곳까지
다다르다

눈속에 묻힌 사람은 어느 바람이 눈을 뚫고 하늘을 찾을수
있을지 몰라 끝을 타다가 죽는다고 한데에도 토너케나니 스러워
동화하는 「녹았다 다다랐다.

그러한 다양한 각자, 고통이란 고요속에서 벗어나려 한다.
선생을 유혹하는
녹아내린 산정의 눈물은 꿀맛처럼 좋았다.
지금까지 만지못한 순섬을 가지던 바라는 평계라던 에너지는
돕고 덥어서 우렁우렁 모여서 크고 작은 강물로.
타쿠는 빙하를 품고 있었는 쓸데없는 욕망을 품었다.
함께 떠난 무리들은 너에게 상처를 남기고 흩어졌지만
곧 그들을 묻어하고 웃을 것이다.
지상에서 가장 허영한 타발탁을 향한의 맛이하였으며
지난해 갈망하던 직접적의 자유를 만끽하였다.
숨으로 떠돌면 더 그리할 것이다.
알음하게 지나치던 고원의 마을들과. 다가드던 희연기.
연역이던 정상의 흐느낌, 사람들의 감악동처럼 박작이던 이마,
낡은듯 구조물로 쓸어지던 벽돌들을, 내 남은 인간의 여정에
빛나는 흔들림이 되어줄 것이다.
나는 항상 여정을 아름답게 채색하자 느끼고해 봤다
이번에도 그러할 것이다.
함께 따다던 M씨를 거너은 이할씸 님 윤예씸 님 내 _ 멋지예!
그이들 모두에게 마르폴로 양의 순환눈물
행운이 함께 하기를 ...... 🖤 합니다
YO

EBS 다큐기행 촬영 여정함의근무

여정의 파트너!
지흥를 얻는다는 외로운
일은. 혼자 걸어가는 여정이 되기마련
가슴 뛰게하여던 내 둘이라고
내가 헛되이 올 보내자 아니라고. 라고
여기 정정으로 정점(the summit)이 되는,
오래가도 수많았어 되는

사랑만을 가장 매력적인 것은 없지만,
사랑만을 지키라고 말하던 것도 없다.
낸겐 여정을 왜 하냐고 묻는다면,
진정한 감동을 느껴 위해서라던, 매듭을 들기
위해서라던, 딍계를 벗어나기 위해서라고.... 말해줬어.
라그 ......!!!
여정에 없을 한만한 것같은 이한선씨!
향화같은 매력옥가진 윤 여벤씨!
전화의 아름다운 이 숲라씨!
함께 하의 행동하길 기다립니다.
멋있던 누구보다 읽는 그대의 후정이 오 후~!!!

버스터미널에서 미니버스나 지프차를 타려는 사람들로 언제나 붐빈다.

터미널 주변에는 바자르가 형성되고, 옛날 냄새 나는 촌스러운 야외 카페들과 먹거리가 즐비하다.

파미르 사람들과 부딪히고 마주치고 보드카와 차를 마시며 옛날 이 야기를 할 수 있어 더없이 즐거운 터미널이다.

파미르 유목민의 주방은 참 간결하다.

필요한 것만 있다.

파미르 유목민처럼

버릴 것은 버리고

필요한 것만 가지려 하는데

나는 너무나 많은 것들에 유혹을 당한다.

여행을 떠날 땐 그래도 마음을 비우지만, 돌아와서는 비웠던 마음
이 또 현실의 유혹에 물들기 시작한다. 왜 그런지 현실 세계에서는 상
상의 마음이 휴지 조각처럼 변해 버린다.

내가 알고 있는 상식이 편견이고

내가 알고 있는 지식이 착각이라는 것을

오랜 여행을 통해서 깨달을 수 있을까?

편견과 착각에서 벗어날 수 있을 때

파미르 유목민처럼 가질 것만 가질 수 있을까?

　　시베리아 강제노동수용소 콜리마 하이웨이를 가다

타지키스탄과 아프가니스탄 국경선에서 주말에만 만나는 이시카심 상인의 강인한 눈빛에 빠졌다.

경계심
호기심
두려움
거리감
야릇하다.
매력적이다.

호로그에서 이시카심까지 105km의 꼬불꼬불 좁은 길은 평균 해발 고도 2,100~2,500m로 판지강 너머 아프가니스탄령 바다흐산을 정신 없이 바라보며 3~4시간 달린다.

타지키스탄령 남동부 바다흐산과 아프가니스탄령 북동부 바다흐산은 대영 제국과 러시아 제국이 100년간 그레이트 게임을 벌일 때 1895년 지금과 같은 경계선이 이루어졌다.

강대국에 의해 우리나라도 그렇고, 타지크 사람들과 파미르 사람들 그리고 아프가니스탄 사람들은 지금까지도 이산가족으로 살고 있다.

시베리아 강제노동수용소 콜리마 하이웨이를 가다

2022년 2월 24일 러시아가 우크라이나에 특별 군사작전을 실시하자 케냐 UN 대사 마틴 키마니는 "케냐의 역사를 기억하면서 케냐와 대부분의 아프리카 국가들은 제국의 종식으로 탄생하였고, 우리의 국경선은 우리가 정한 것이 아니고 머나먼 식민지 수도 런던, 파리, 리스본에서 옛 국가를 고려하지 않고 선을 그었다"고 연설하였다. 서방 국가는 그저 침묵만 지키고 있을 뿐이다.

당나귀 등에 음식과 땔감을 싣고 마을과 마을을 오가는 아프가니스탄 사람들을 멍하게 바라보다가 로마식 목욕탕과 터키의 파묵칼레 마을의 소금 퇴적물과 비슷한 가름 샤쉬마를 지나는 줄도 몰랐다.

가름 샤쉬마는 평균 해발 고도 4,000m 높이로 섭씨 50~70도의 뜨거운 물에서 수영할 수 있는 놀라운 기회는 아주아주 운이 좋아야 가능하다.

아프가니스탄과 국경선을 접하고 있는 이시카심은 수채화 같은 와칸 계곡 시작 부분에 위치한 파미르 길의 최남단 정착지인데, 이 작은 마을에는 민박집이 없다.

이제 유일한 도미토리인 작은 호텔 아니스(Anis)가 있어 어쩌다 마주치는 여행자와 함께 시간을 보낼 수 있다.

텐트를 설치할 수 있는 잔디밭이 있어 파미르고원의 별들과 대화를 나눌 수도 있다. 여름철에는 이곳에 전 세계에서 진정한 여행자들이 몰려드니 흥미롭다.

와칸 계곡은 와칸 회랑 또는 와한 회랑으로도 불리는데, 아프가니스탄 바다흐산 주와 타지키스탄 고르노−바다흐산 주와 마주보고 있고, 남쪽으로는 파키스탄 동쪽으로 신장 위구르와 국경선을 접하고 있다.

폭은 15~30km에 불과하지만 동서로 350km나 길게 뻗어 있어 와칸이라 불리는데, 중심부의 가장 넓은 폭이 65km밖에 되지 않는다.

특히 신장 위구르 지역과 92km의 국경선을 접하고 있어 아프가니스탄 탈레반 정권과 신장 위구르 지역의 동투르키스탄 이슬람운동(ETIM, East Turkestan Islamic Movement)은 종교적·언어적·혈통적 형제 관계로 앞날을 예고할 수 없어 중국에 핵폭탄이 언제 터질지 모르는 아슬아슬한 계곡이다.

파미르고원 고산 중의 고산에 위치해 철도와 도로 건설이 거의 불가능하고 지역과 지역 간에 언어가 잘 통하지 않는 파미르 사람들과 와키 사람들이 주로 살아간다.

2001~2021년 아프가니스탄과 미국의 전쟁 중에도 별다른 피해가 없을 만큼 험난하고 험난한 파미르 길이다.

　이시카심을 출발해 랑가까지 이 길 또한 150km밖에 되지 않지만, 그림엽서 같은 6,000m가 넘는 눈 덮인 산봉우리를 즐기면서 8~10시간 동안 덜컹덜컹 달린다.
　주유소가 없어 오일 탱크가 있는 트럭에서만 연료를 공급받으며 계속 달린다.
　평균 해발 고도 2,500m의 이시카심에서 2,800m의 랑가까지 오르내리며 엉덩이가 들썩거리는 길을 수없이 반복하면서 와칸 계곡의 아름다운 마을과 숨이 막힐 것 같은 경관을 볼 수 있는 대가를 치러야 한다.

　진정한 파미르 마을 랑가에서 전통적인 파미르 스타일의 민박집에 머물며 삶을 되돌아보고 인생을 느낄 수 있다.
　파미르 길에서 맛볼 수 있는 진정한 축복이다. 문명의 모든 혜택을 찾을 수는 없지만 랑가에서 오래오래 머물고 싶다.

　랑가와 무르갑의 거리도 255km로 호락호락한 길이 아니다. 대개 7~8시간 걸린다. 랑가를 출발해 100km까지는 지프차 부품을 갈아 끼워야 할 만큼 험난한 길을 달린다.

평균 해발 고도는 2,800m에서 3,600m.

하르구시 패스 4,344m와 나이자타시 패스 4,137m 두 개의 산악 패스를 무사히 통과하면 여권과 비자를 조사하는 GBAO 검문소가 기다리고 있다.

이곳을 벗어나자마자 이번에는 296km의 군트강과 바르탕에서 시작한 491km의 무르갑강을 만난다. 이곳의 아름다운 풍광은 현기증이 날 정도다. 그 모든 길을 지나고 나면 눈앞에 원시적인 풍경과 여러 개의 사막 같은 호수와 초록 초원이 펼쳐져 있다.

파미르 유목민의 성대한 결혼식에 초대받았다.

빵을 들고 있는 두 소녀에게 다가가 사진을 찍자 수줍은 듯 미소를 짓는다.

이래서 아이들을 천진난만하다고 하나 보다.

아무것도 가지지 않았지만 세상에서 가장 행복한 아이들이다.

나도 이 아이들처럼 열 번이고 백 번이고 웃음을 지어 보지만, 천사 같은 아이들처럼 웃지 못한다. 가진 것이 너무 많아서 그렇다.

시베리아 강제노동수용소 콜리마 하이웨이를 가다

가진 것이 많아 행복한 것이 아니고
가진 것이 부족하지 않아 행복하다는 걸
파미르 유목민 소녀들에게서 배운다.

언젠가 잊혀질 파미르 길
언젠가 그리워질 파미르 길
잊혀질 때 그리워질 파미르 길
그리울 때 잊혀질 파미르 길

호로그에서 칼라이 쿰에 이르는 파미르 길은 판지강을 따라 깊은 협곡을 통과해야 한다. 240km를 대단히 불편한 상태로 8시간을 달린다.
평균 해발 고도 1,300~2,100m인 이 길은 흙먼지가 엄청나 모든 창문을 닫아야 한다.

이 길은 지프차와 사륜구동 미니버스만 운행할 수 있다.
좁디좁은 길을 만나면 느린 차를 따라잡지도 못하고, 반대편 차와 마주치면 지나갈 때까지 마음을 내려놓고 하염없이 기다려야 한다.
수백 개의 그림 같은 산악 지대가 스크린처럼 지나가지만, 너무 좁은 길 때문에 멈출 수 없어 차 안에서 감상할 수밖에 없다.

　19세기에도, 20세기에도 제 자리를 지켰을 파미르고원 유목민 카페에 들어서서 21세기 여행자가 왔노라 인사한다.

　파미르 모녀는 아마도 나같이 세속에 찌든 여행자들을 수없이 만났고 앞으로도 만날 것이다.

■ 칼라이 쿰 Kalai Khum-상게븐 Sahngebeun-쿨랍 Kulyab

어쩌다 아주 가끔 지나가는 여행자들에게 과일과 채소를 팔고 있는
사람들.
온종일 기다려도 몇 사람이나 만날 수 있을까.
이 농부의 애절한 눈빛처럼 가슴이 타들어 간다.

칼라이 쿰은 판지강을 따라서 있는 아주 작은 정착지다.
여기서 하룻밤 머문다.

타지키스탄의 전통적인 민박집은 그 자체로 행복한 추억이다.
점점 현대화되어 가는 숙소들이 생기면서 추억도 점점 흐릿해진다.

검붉은 판지강이 흐른다.
무너질 듯 무너질 듯 깎아지른 절벽을 벗 삼아 먼지를 뒤집어쓰고
가슴 쿵쿵 뛰면서 파미르 길을 달린다.

화가 나서 강물이 넘칠까!
마음이 상해서 궁궐보다 더 큰 바위가 방해할까!
조마조마하며 파미르 길을 달린다.

칼라이 쿰에서 두샨베까지 370km.
칼라이 쿰을 출발해 40km까지는 좁은 협곡과 비포장길이지만, 두
샨베에 가까워질수록 포장길이 나타난다.
울퉁불퉁한 길을 8시간쯤 달리다 보면 1,959m 슈로아바드 패스에서
판지강을 바라보던 누런 사진 한 장은 오랜 추억으로 남는다.

파미르 길을 달리는 동안 타지키스탄과 아프가니스탄은 판지강을 사
이에 두고 사이좋게 마주보며 달리고 있다.
판지강 너머로 손에 잡힐 듯 아프가니스탄 어린 소녀가 지붕 위에

앉아 나를 바라보고 있다.

소년들은 신나게 축구를 하고 있고, 아프가니스탄 가장 북쪽인 이곳은 전쟁과는 멀어 보인다.

내가 살아가는 인생길도 이처럼 파릇파릇 아리랑 길일까!

고속도로처럼 지루하게 달리는 인생길이라면 참으로 고리타분할지 모른다. 꼬불꼬불 언덕길이나 오솔길이 더 신나는 인생길이다.

나는 지금 그 신나는 인생길 위에 머물고 있다.

이곳에서 잠시 머물다 간다.

시베리아 강제노동수용소 콜리마 하이웨이를 가다

■ 두샨베 Dushanbe-히사르 Hissar

중세시대에 수공예품과 바자르의 중심지.

성문과 소녀들 너머로 옛 모습을 복원한 야외 박물관 히사르 요새
가 보인다.

고려인 할머니들의 초대를 받았다. 김이 모락모락 나는 흰 쌀밥과 양
배추김치, 오이와 당근으로 무친 나물, 돼지볶음, 보드카, 맥주, 음료
수, 차를 내놓았다.

음식상만큼이나 환하게 웃는 우리 동포 고려인 할머니들.

스탈린 시절 강제 이주 정책으로 러시아 극동에서 떠나 머나먼 중앙
아시아로 밀려온 이야기가 나오자 슬픔 어린 미소를 짓는다.

눈가에 주름이 펴진다.

아리랑을 부른다.

멍하다.

찡하다.

보드카로 힘차게 건배를 한다.

중앙아시아의 알마티, 비슈케크, 타슈켄트, 아슈하바트의 모든 길이
아름답다.

하지만 중앙아시아에서 가장 낭만적이고 매혹적인 길은 두샨베 루다키 길이다.

그 길을 걷고 있으면 누구나 멋진 영화배우가 된다.

사진 속의 주인공이 되기도 하고, 패션 잡지 모델이 된다.

책갈피 속 오래오래 간직한 노란 은행잎도 된다.

캐나다 출신 시인이자 가수인 레너드 코헨처럼 음유시인이 된다.

라흐마니노프의 피아노 협주곡을 연주하는 지휘자가 된다.

멋들어진 정장을 입어도
색바랜 청바지를 입어도
따스한 털옷을 입어도
가벼운 티셔츠를 입어도
두샨베 루다키 길 위에서는 팔방미인이 된다.
하고 싶지 않아도 그렇게 된다.
모델과 시인이 되어 루다키 길을 걷는다.

봄
여름
가을
겨울
쌀쌀한 바람이 불어오고 고목의 나뭇잎들이 하나둘 떨어질 때,
나와 루다키 길은 함께한다.

■ 후잔 Khojand—이스타라브샨 Istaravshan

판 마운틴 군인들과 카페에서 만난 청년들과 차 한잔을 나눈다.

2012년 봄에는 하나의 터널을, 2013년 여름에는 두 개의 터널을 지나고 보니 이제 험난한 판 마운틴은 타지키스탄의 역사 속으로 사라졌다.

후잔에서 두샨베로, 두샨베에서 후잔을 오갈 때 오로지 한 길밖에 없었던 판 마운틴.

수백 미터 낭떠러지 길을 양떼들과 함께, 때론 한 방향에서 고장 난 차라도 생기면 자가용이든 지프차든 트럭이든 언제 떠날지 몰라 온종일 기다렸다가, 빙빙 돌아가며 열서너 시간씩 먼지를 뒤집어쓰고 돌밭길을 달려야 했던 판 마운틴.

험난하고 아슬아슬했던 판 마운틴.
고생한 만큼 애착도 가는 판 마운틴과 이번 여행을 마지막으로 작별인사를 한다.

들어가는 삶과 나오는 삶이 같을까?

소리 없이 피었다가 소리 없이 사라지는 삶은 하나다.

삶은 하나인데 세상엔 다양한 삶이 존재한다.

그 누구도 삶에 대해 깨우쳐 주지 않는다.

지금까지 그 삶을 찾아 이 세상 저 세상을 돌아다녔는데,

또 다른 세상은 어떤 모습일까?

우즈베키스탄 Uzbekistan

Ушбу китобни миннатдорчилик билан Памир тогларида учратган дус
тларимга совга киламан.
Памир тогларини доим эслаб колувчи Жанубий Кореялик саёхатчи
Ли Хан Шин

- 코칸트 Kokand−페르가나 Fergana−안디잔 Andijon−타슈켄트 Tashkent

우리나라 60~70년대, 흑백 TV나 그 시절 중고 잡지책에서나 볼 수
있을 것 같은 코칸트 야외 카페.
푸른 나무 아래 탁자에 앉아 있는 세 아가씨들.
카메라를 보자 수줍은 듯 신기한 듯 낯선 듯 두 눈을 크게 뜨고 바
라본다.

중앙아시아를 지나오면서
파미르고원을 밟아 오면서
유목민의 일상생활에서
우리의 김치와 깍두기처럼 빠지지 않는 음식은 빵 논이다.

시베리아 강제노동수용소 콜리마 하이웨이를 가다

　초대받은 집에서도, 식당이나 카페에서도, 넉넉한 사람이나 부족한
사람이나 언제나 함께하는 것이 이 빵이다.

　반들반들 윤기가 나는 것도
　시들시들 푸석푸석한 것도
　차돌처럼 딱딱한 것도
　두부처럼 부드러운 것도
　피자처럼 커다란 것도
　찐빵처럼 작은 것도
　다양하게 구워서 나오는 논은 유목민의 삶과 함께한다.

　이 여행을 시작해서 끝날 때까지 하루 세 끼 이 빵을 먹었다.

커다란 무등산 수박 같기도 하고

큼지막한 제주도 무 같은

신장의 하미과에서부터

중앙아시아 전역에 널리 퍼져 있는 드냐.

옛 소련은 물론이고 동유럽 구석구석에서도 만날 수 있는 드냐.

멜론처럼 달콤하다.

뜨거운 사막이나 황무지를 지날 때

시원한 드냐 한 조각만 있으면 부러울 게 없다.

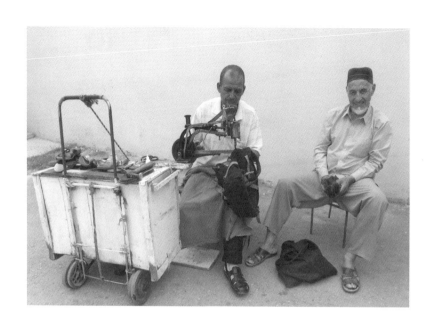

여유롭다.

평화롭다.

풍요롭다.

넉넉하다.

나는 이번 파미르 여행길에서 무엇을 얻고 무엇을 잃었나?

얻지도 잃지도 않은 변함없는 길

파미르 길이다.

MBC 차미연의 세계도시여행 〈중앙아시아 편〉 초대석에서

시베리아 강제노동수용소 콜리마 하이웨이를 가다

빛바랜 흑백 사진을 펼치면서 파미르고원으로 발길을 돌렸는데, 그 사람들과 이 자연을 만나고 지나온 시간이 합쳐지니 화려한 컬러 사진이 되었다.

모두를 사랑하고
서로를 사랑하니
그대도 나도 사랑한다.

모두가 행복한 사람이니
그대도 행복한 사람이고
나도 행복한 사람이다.
과거
현재
미래
내 마음의 텃밭은 여행.
여행이라는 내 마음의 텃밭 속에
파미르고원의 친구들과 자연을 만난 시간
그대도 나도 사랑이 넘치는 행복한 시간이었다.

아현동 순댓국집 부부
시베리아 강제노동수용소
콜리마 하이웨이를 가다